EDITORA JURISMESTRE

FICHA CATALOGRÁFICA
Bibliotecária: Alice Tacão Wagner - CRB 7/RJ 4316

S487c
Serrano, Pablo Jiménez.
Curso de direito comparado. [livro eletrônico] / Pablo Jiménez Serrano. – Rio de Janeiro: Jurismestre, 2015.
202 p. : Il.

ISBN 978-85-69257-11-0

AF874416

1. Direito comparado. 2. Direito - metodologia. I. Título.

CDD – 340.2

***Editoração e Acabamento*:**
Editora Jurismestre – Rua H, n. 173
Fone: (24) 99905-8200 – 27251-223 – Volta Redonda, RJ.
www.loja.jurismestre.com.br
contato@jurismestre.com.br

Pablo Jiménez Serrano

Graduação em Direito pela Universidade do Oriente, Cuba (1983), Mestrado em Epistemologia da Política e do Direito pela Universidade São Judas Tadeu (2005) e Doutorado em Direito pela Universidade do Oriente, Cuba (1996), diploma revalidado (RECONHECIDO), de acordo com os documentos constantes do Processo n. 2000.1.4694.1.7 pela Universidade de São Paulo - USP/SP (02 de agosto de 2004). Cursou o Programa de Doutorado: Metodologia Fontes e Instituições Jurídicas da Universidade de Alicante, Espanha. Professor e pesquisador do Centro Universitário Salesiano de São Paulo, Unisal, Lorena. Professor e pesquisador do Centro Universitário de Volta Redonda, UniFOA. Professor e pesquisador do Centro Universitário de Barra Mansa, UBM. Tem experiência na área de Direito, com ênfase em Direito Civil e Direito do Consumidor, atuando principalmente nos seguintes temas: Metodologia do Ensino e da Pesquisa Jurídica, Hermenêutica e Interpretação Jurídica, Filosofia do Direito, Ética Pública e Empresarial, Teoria do Direito etc. É autor de vários livros e artigos científicos.

SUMÁRIO

APRESENTAÇÃO

Tendo um caráter metodológico, a presente obra objetiva difundir o conhecimento e uso dos métodos de pesquisas nas universidades, especialmente na área de Direito. Decidimos nos aprofundar na metodologia da pesquisa jurídica comparada, visto que os resultados desses estudos têm contribuído para o desenvolvimento da cultura jurídica internacional e a formação, cada vez mais integral, dos estudantes de Direito.

Por ser evidente a importância do método comparado para o enriquecimento da ciência do Direito, é mister insistir na necessidade de sua integração metodológica e introdução, como disciplina básica (Direito comparado), nas diversas carreiras jurídicas, tanto nos programas de graduação como na pós-graduação e extensão universitária.

Este livro visa despertar nos estudantes e profissionais o interesse pela comparação de direitos. Assim, com um enfoque científico peculiar, pretendemos retomar o debate acerca de se considerar o Direito comparado como "ciência", "ramo", "disciplina" ou "método de pesquisa jurídica".

Foram realmente árduos os trabalhos de consulta bibliográfica e legislativa, feitos com o intuito de aproximar a teoria da comparação de direitos da realidade jurídica contemporânea e de dar respostas às necessidades metodológicas surgidas durante o desenvolvimento da pesquisa. Destarte, em cada capítulo, com o auxílio de diversos exemplos práticos, referimo-nos à utilidade e uso deste importante método jurídico durante o desenrolar das atividades científicas comparativas.

Esperamos que o resultado de todo este esforço se tenha materializado em uma obra que possa servir de apoio ao desenvolvimento das diferentes disciplinas dos cursos jurídicos. Nesse sentido, estará sendo cumprido nosso objetivo fundamental: contribuir para a orientação científica dos estudantes e pesquisadores que, interessados nas pesquisas jurídicas, apresentam projetos e executam estudos voltados para o aperfeiçoamento da ciência jurídica.

Há, contudo, uma boa razão para considerar que este texto também será de utilidade para o jurista que tem o interesse e a importante missão de criar, explicar, interpretar e aplicar o Direito.

PREFÁCIO

Aqueles que têm o privilégio de conhecer bem uma língua estrangeira sabem que um dos melhores frutos dessa experiência é conhecer melhor a própria língua materna. Valorizam a densidade de cada palavra e percebem que suas raízes a fazem brotar em mais de um país, adquirindo formas, sentidos e conotações distintas, em meios distintos.

O estudo de Direito Comparado tem virtudes análogas às da língua. Conhecemos melhor o nosso direito conhecendo o direito estrangeiro. Herdeiros de uma tradição jurídica européia, somos compelidos a buscar nas origens explicações melhores para o nosso direito. Impactados pela globalização, temos que recorrer à praxe jurídica do comércio internacional.

Entretanto, o Direito Comparado, como qualquer ramo do saber jurídico, pode ser tratado de forma mais ou menos ciosa das peculiaridades de seus domínios. Manuseado com demasiada simplicidade, pode levar a resultados impróprios. Desdenhada a teoria do direito, pode frustrar os que esperam do Direito Comparado a produção de chaves interpretativas, compreensão de semelhanças e diferenças, métodos respeitáveis de produção do conhecimento.

Na tradição acadêmica brasileira, os estudos de Direito Comparado aparecem sobretudo nas dissertações de mestrado e teses de doutorado. É lugar comum, e exigência freqüente de examinadores dogmáticos, que o candidato a um título de mestre ou doutor demonstre seu conhecimento sistemático da doutrina estrangeira sobre o assunto de que se ocupa. Devo admitir que sinto um certo desconforto em relação a esse tipo de produção. Mas isso não é propriamente Direito Comparado. É mera formalidade, ritualismo bacharelista, a que muitos são afeitos no ambiente acadêmico, mas que não necessariamente se justifica no contexto do trabalho. Um estudo de Direito Comparado exige postura diferente do pesquisador. Não pode ser um mero capítulo encartado numa obra, para supostamente "abrilhantá-la".

Na tradição européia, um trabalho de Direito Comparado é frequentemente uma obra voltada especificamente para esse fim. Elege-se um tema e faz-se uma análise de Direito Comparado. Isso é muito diferente de fazer um trabalho sobre um tema jurídico qualquer e a ele agregar páginas formais de análise de legislação estrangeira. O resultado, com raras exceções, conduz a um servilismo em relação ao direito estrangeiro ou a uma importação não-tropicalizada de cultura alheia.

O estudo sistemático de Direito Comparado é tarefa muito mais complexa do que tem sido certa prática acadêmica brasileira. E exige técnicas específicas. O trabalho do pesquisador Pablo Jiménez Serrano, que tenho o orgulho de prefaciar, é um referencial seguro àqueles que têm se dado conta de que comparar é importante, mas é preciso fazê-lo com destreza metodológica.

Investigador dedicado, o Professor Pablo Jiménez fez sua carreira acadêmica em diversos pontos da América e da Europa. No Brasil há vários anos, tem ocupado um espaço bastante lacunoso, o da metodologia da pesquisa científica no direito. Tem editado obras e lecionado nesse segmento difícil do Direito com bastante sucesso.

A obra que traz a público constitui, portanto, uma sequência natural do projeto desenvolvido pelo Prof. Pablo Jiménez. Enfrenta minuciosamente as maiores dificuldades que encontra o pesquisador na tarefa de produzir uma obra de Direito Comparado. E tem o grande mérito de saber conciliar a Teoria Geral do Direito, a lógica formal e sua formação pessoal em Direito Privado, para enriquecer o trabalho com exemplos atuais e de grande clareza.

O momento em que a obra é lançada é também particularmente propício. Nunca foi tão importante saber como é o direito alheio, assim como nunca foi tão importante o domínio de línguas estrangeiras, tanto para os profissionais do direito quanto para aqueles que querem refletir sobre ele.

Dou, portanto, ao novo trabalho do Professor Pablo as boas-vindas da comunidade acadêmica de Direito, que certamente a ele dedicará a atenção que merece.

São Paulo, novembro de 2002.

Fernando Herren Aguillar
Diretor da Faculdade de Direito da Universidade São Judas Tadeu

INTRODUÇÃO

O Direito nutre-se dos conhecimentos sistematizados que os estudos jurídicos desenvolvidos integralmente proporcionam; neste sentido, é inaceitável a limitação de sua concepção científica ao domínio da legislação de um único sistema de Direito nacional.

Os estudos jurídicos devidamente fundamentados, isto é, desenvolvidos por meio de métodos adequados, valorizam as teorias e doutrinas: conceitos, classificações, interpretações, correlações, generalizações e princípios jurídicos. Assim sendo, o Direito comparado desempenha um papel fundamental para o desenvolvimento da ciência do Direito, pois oferece os meios e procedimentos com os quais se confrontam os sistemas (ordens ou ordenamentos), instituições, regras, teorias e doutrinas jurídicas.

Devido à importância indiscutível da comparação dos direitos, consideramos valioso difundir diversos conceitos básicos com os quais se facilitará a correta integração metodológica, isto é, a uniformização do emprego das técnicas e procedimentos específicos para a confrontação dos institutos, regras, teorias, doutrinas jurídicas, determinando-se os princípios comuns que regem o desenvolvimento das nações civilizadas.

Seguindo um plano lógico, organizamos o texto da presente obra em cinco partes fundamentais:

Primeira, parte introdutória, onde distinguimos a comparação científica da comparação de direitos e abordamos o conceito e a natureza do Direito comparado;

Segunda, parte concernente à atualidade da comparação do Direito, onde abordamos os seguintes tópicos: a) a evolução do comparativismo: tendências comparativas pioneiras; b) utilidade, vigência e função da comparação de direitos; e c) a repercussão teórico-prática e metodológica da comparação de direitos.

Terceira, parte relativa aos conceitos básicos da comparação do Direito, a saber: a) campo do estudo comparativo; b) delineamento metodológico das pesquisas comparadas; c) a problemática científica comparativa; d) problema científico; e) objeto; f) objetivos; g) hipóteses; h) variáveis; e i) conceitos e definições na comparação de direitos.

Quarta, parte que introduz especificamente: a) os métodos alternativos e auxiliares da comparação de direitos; b) a conclusão ou generalização científico-comparativa: conclusões ou generalizações teórico-qualitativas; e conclusões ou generalizações empírico-quantitivas.

Quinta, parte correspondente à execução das pesquisas comparadas, onde apresentamos: a) os níveis, formas e procedimentos da comparação jurídica; b) a escolha da forma comparativa; c) a comparação estrutural; d) sistemas jurídicos: conceitos, características e indicadores para a seleção e classificação; e) o procedimento para a comparação estrutural: formas de testar hipóteses; f) a comparação normativo-institucional; g) procedimento para a comparação normativo-institucional; h) a comparação teórico-doutrinária; i) procedimento para a comparação teórico-doutrinária.

Com o objetivo de garantir a compreensão e uso do método comparado, tomamos como referência, essencialmente, quatro importantes sistemas de Direito: português, brasileiro, espanhol e cubano, confrontando, através de exemplos, diversas normas afins, pertencentes às legislações específicas e vigentes nesses países, em matéria de Direito Civil, de Direito do Consumidor e outras.

A confrontação das normas jurídicas identificadas na legislação brasileira e estrangeira teve como objetivo principal possibilitar a compreensão teórica e científico-metodológica da comparação jurídica. Tais exemplos podem servir perfeitamente de base para o desenvolvimento de futuras pesquisas que tenham como finalidade a avaliação da extensão e expansão do Direito Civil ibero-americano, ou outros interesses científicos nacionais e internacionais.

Vale consignar que a contribuição científica da presente obra, hoje apresentada com muito prazer à comunidade científica latino-americana, não está somente na abordagem da natureza do Direito Comparado, mas também na apresentação de uma nova concepção científica do mesmo, introduzindo procedimentos que consideramos adequados para comparação efetiva dos direitos.

CAPÍTULO 1

INTRODUÇÃO AO DIREITO COMPARADO

Antes de adentrarmos nos aspectos metodológicos concernentes à comparação jurídica, consideramos necessário desenvolver uma análise e elucidação de conceitos que nos permitirão compreender a natureza, utilidade e importância científica da comparação jurídica para o desenvolvimento da ciência do Direito.

1.1. A comparação científica e a comparação de direitos

Comparar significa examinar simultaneamente duas ou mais coisas ou idéias, para lhes determinar semelhanças, diferenças ou relações. Assim, a comparação científica consiste na atividade pela qual se determina o caráter das idéias ou se confrontam duas ou várias coisas, com o objetivo de cotejá-las, igualá-las ou unificá-las.

Em essência, a comparação científica, como ação e efeito de comparar, consiste em "estabelecer sistematicamente semelhanças e diferenças, isto é, pesquisar e relacionar semelhanças e diferenças segundo um método adequado a um objetivo".[1] Falamos das diferenças, como também das semelhanças, como conceitos que indicam uma oposição; assim sendo, numa conclusão científica, quanto maiores forem as diferenças, menores semelhanças se constatam.

Diz-se que a comparação científica só é possível se as coisas, idéias ou fenômenos objetos do estudo são comparáveis: análogos, parecidos ou semelhantes, e se, além da observação e análise, se utiliza uma metodologia que oriente tal processo, permitindo a síntese ou construção de uma conclusão científica.

A escolha da comparação científica é consequência, ou melhor, depende da formulação concreta de determinados objetivos durante o planejamento metodológico das

[1] FERREIRA de Almeida, Carlos. *Introdução ao Direito Comparado*. 2 ed. Lisboa, Portugal: Almedina-Coimbra, 1998, p. 9.

pesquisas. Segundo os ensinamentos de Eva Maria Lakatos e Marina de Andrade Marconi a comparação científica se realiza com a finalidade de verificar similitudes e explicar divergências; assim, concluem as citadas autoras que:

a) método comparativo serve tanto para as comparações de grupos no presente, no passado, ou entre os existentes e os do passado, quanto entre sociedades de iguais ou de diferentes estágios de desenvolvimento;

b) a comparação científica constitui uma verdadeira "experimentação indireta", que pode ser empregada em estudos de largo alcance (desenvolvimento da sociedade capitalista) e de setores concretos (comparação de tipos específicos de eleições), assim como para estudos qualitativos (diferentes formas de governo) e quantitativos (taxa de escolarização de países desenvolvidos e subdesenvolvidos);

c) a comparação científica pode ser utilizada em todas as fases e níveis de investigação: numa estrutura (regime presidencialista americano e francês); nas classificações, permite a construção de tipologias (cultura de *folk* e civilização); finalmente, em nível de explicação, pode, até certo ponto, apontar vínculos causais, entre os fatores presentes e ausentes;

d) método comparativo permite analisar os dados concretos, deduzindo dos mesmos os elementos constantes, abstratos e gerais.

Igualmente, mediante importantes exemplos, as autoras nos informam que o estudo das semelhanças e diferenças entre diversos tipos de sociedades contribui para uma melhor compreensão do comportamento humano. E, nesse sentido, propõem-se pesquisas desenvolvidas tendo como objeto o modo de vida rural e urbano no estado de São Paulo, as características sociais da colonização portuguesa e espanhola na América Latina, as classes sociais no Brasil na época colonial e atual, a organização de empresas norte-americanas e japonesas, a educação entre os povos ágrafos e os tecnologicamente desenvolvidos.[2]

Já do ponto de vista jurídico, são chamados de comparados os estudos das leis suscetíveis de comparação, isto é, estudos do conteúdo legislativo por meio da confrontação de direitos: sistemas (ordens ou ordenamentos), institutos, regras, teorias e doutrinas jurídicas. A comparação de direitos depende de procedimentos através dos quais confrontamos o

---

[2] LAKATOS, Eva Maria e Marina de Andrade Marconi. *Metodologia Científica*. 2. ed. São Paulo: Atlas, 1995, p. 82-83.

conteúdo das legislações nacionais em face das estrangeiras.

A comparação jurídica nem sempre tem a lei pura como objeto principal do processo de pesquisa. Na maioria das vezes os pesquisadores estão interessados em abordar separadamente: a) as relações existentes entre leis pertencentes a uma mesma ordem ou a ordens diferentes; b) os ramos ou famílias jurídicas; c) os institutos, normas e regras ou; d) as teorias e doutrinas jurídicas formuladas sobre um determinado assunto ou fato.

Nesse contexto, são de grande valia para comparação de direitos os chamados juízos hipotéticos que enunciam ou traduzem, de conformidade com o sentido de uma ordem jurídica – nacional ou internacional – certas condições ou pressupostos fixados por essa ordem, para os quais devem intervir certas consequências determinadas pela mesma ordem.[3] Assim, como explicaremos nos próximos capítulos, não devemos confundir a comparação de tipo estrutural com a comparação de tipo normativo-institucional e teórico-doutrinária.

1.2. Conceito e natureza do Direito comparado

O problema da construção teórica e metodológica do comparativismo jurídico continua sendo um desafio para os pesquisadores e historiadores do Direito. Sabe-se que, depois de tantas décadas de esforços, de formulação e reformulação teórica desta importante parte do Direito, ainda não se adotou, de maneira uniforme, uma definição científica acabada sobre o Direito comparado.

Poder-se-ia argumentar que as controvertidas e polêmicas teóricas sobre o Direito comparado têm tido como causa essencial a pluralidade de critérios existentes acerca de sua natureza. Para alguns autores o Direito comparado é "um ramo de Direito independente"; para outros, uma "disciplina científica autônoma" que, com a Filosofia e a História, faz parte das matérias básicas ou fundamentais dos estudos jurídicos universitários.

Igualmente, às vezes, o Direito comparado nos é apresentado como uma "ciência" com objeto próprio (pluralidade de ordens jurídicas), "ciência comparada" que, no critério de Maria Helena Diniz, por exemplo: "[...] tem por escopo estudar, simultânea e comparativamente, não só o direito positivo, contemporâneo ou não, de diferentes países, mas também os motivos pelos quais o direito se desenvolveu de modo diverso, nos vários países, com o intuito de uniformizá-lo e orientar, em certos casos, a reforma legislativa no direito

---

[3] KELSEN, Hans. *Teoria Pura do Direito*. Tradução João Baptista Machado. 4 ed. São Paulo: Martins Fontes, 1995, p. 80.

nacional."[4]

Outros importantes autores consideram que o Direito comparado é um "método específico" (método comparativo), que se subdivide em dois ramos ou vertentes complementares: a *macrocomparação* (comparação de sistemas, ordens ou ordenamentos) e a *microcomparação* (comparação de institutos afins em ordens jurídicas diferentes).[5] Neste último enfoque, ora aceito por nós, concebe-se a comparação de direitos como um "método de pesquisa jurídica" que possui procedimentos próprios. Segundo este ponto de vista, o que se defende com estas teorias é a aceitação do caráter científico do método comparado; nesse sentido, nos próximos capítulos exporemos os procedimentos metodológicos considerados válidos para a execução da comparação jurídica.

Com o objetivo de abordar a natureza do Direito comparado, a seguir, desenvolvemos a nossa exposição considerando básicas as seguintes premissas:

1. Direito comparado como uma ciência;
2. Direito comparado como um ramo de Direito;
3. Direito comparado como disciplina jurídica;
4. Direito comparado como método de pesquisa jurídica.

Tais conjeturas, no entanto, merecem uma análise particular. Assim sendo, será legítimo revisar os conceitos de "ciência", "ramo", "disciplina" e "método".

a) Ciência

A ciência é considerada como um todo, isto é, como a acumulação de um conjunto de conhecimentos que resultam das pesquisas, conhecimentos ordenados, válidos, relacionados e sistematizados, referentes ao estado passado, presente e futuro dos fenômenos naturais e sociais. Entenda-se por sistematização de conhecimentos o "conjunto de proposições logicamente correlacionadas sobre o comportamento de certos fenômenos que se deseja estudar".[6]

Cada ciência se forma e nutre dos resultados das pesquisas científicas acerca da natureza, da sociedade ou do pensamento, que estarão historicamente condicionados e que têm como base a prática social.

---

[4] DINIZ, Maria Helena. *Compêndio de Introdução à Ciência do Direito*. 11. ed, atualizada. São Paulo: Saraiva, 1999, p. 224.

[5] FERREIRA de Almeida, Carlos. *Op. cit.*, p. 30-31.

[6] LAKATOS, Eva Maria e Marina de Andrade Marconi. *Metodologia Científica. Op. cit.*, p. 19.

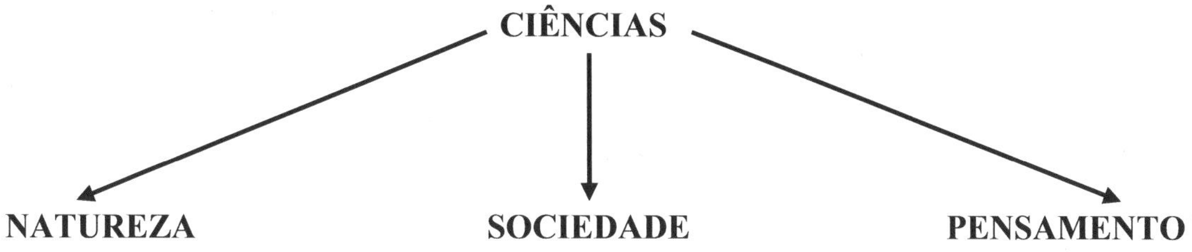

Seguindo esse raciocínio, têm-se organizado as ciências e ramos de estudo de acordo com diversos enfoques, a saber, ciências naturais e ciências sociais.

Entre as primeiras classificações das ciências está a formulada por Augusto Comte, pela qual, de acordo com a ordem crescente de complexidade, apresentam-se as seguintes: Matemática, Astronomia, Física, Química, Biologia, Sociologia e Moral.

Alguns autores também utilizaram o critério da complexidade crescente, originando classificações com pequenas diferenças em relação à de Comte. Outros classificam a ciência segundo um critério misto, isto é, utilizando a complexidade crescente, de acordo com o conceito de Comte, aliada ao conteúdo.[7]

Mario Bunge, por exemplo, classifica as ciências como sendo: a) *formais* ou *puras* (aquelas que sintetizam e explicam os fatos e princípios descobertos sobre o Universo e seus habitantes). Exemplos: Filosofia (Lógica) e Matemática; b) *factuais* ou *aplicadas* (aquelas que utilizam os fatos e princípios científicos para fazer coisas úteis aos homens). Exemplos: *Naturais* (Física, Química, Biologia) e *Sociais* (Sociologia, Psicologia Social, Antropologia Cultural, Geografia, Direito, Administração, Comunicação Social, Economia, História).[8]

Outras classificações científicas atribuem maior utilidade aos critérios de abstração e concreção; por exemplo, são consideradas ciências *abstratas ou teórico-gerais*: a Matemática, a Astronomia, a Física, a Química, a Biologia e a Sociologia; por sua vez consideram-se ciências *concretas, particulares ou especiais*: a Botânica, a Zoologia, a Geografia, a Geologia, a Economia e o Direito.

Para Pedro Demo,[9] o que se julga válido para as ciências exatas e naturais também é válido, pelo menos em parte, para as ciências humanas e sociais. Porém, tudo isto é polêmico

---

[7] *Ibid*, p. 22.

[8] BUNGE, Mario. *La Ciencia, Su Método y Su Filosofia*. Buenos Aires: Sigloveinte, 1974, Cap. 1, *apud*, Silvio Luiz de Oliveira. *Tratado de Metodologia Científica.* Projetos de Pesquisas, TGI, TCC, Monografias, Dissertações e Teses. 2. ed. São Paulo: Pioneira, 1999, p. 51.

[9] DEMO, Pedro. *Introdução à Metodologia da Ciência.* São Paulo: Atlas, 1985, p. 13.

e aí já começam divergências entre os que crêem que deve valer para qualquer objeto científico o mesmo método, a saber, o método típico das ciências exatas e naturais e os que acham ser o fenômeno humano tão *sui generis* que necessita de método próprio, totalmente diferente do outro.

Hans Kelsen, referindo-se à divisão tradicional das ciências em naturais e sociais, explica que, se se parte da distinção entre ciências da natureza e ciências sociais e, por conseguinte, se distingue entre natureza e sociedade como objetos diferentes destes dois tipos de ciência, surge logo a questão de saber se a ciência jurídica é uma ciência da natureza ou uma ciência social, se o Direito é um fenômeno natural ou social. Esta contraposição de natureza e sociedade, segundo o autor, não é possível, pois a sociedade, quando entendida como a real ou efetiva convivência entre homens, pode ser pensada como parte da vida em geral e, portanto, como parte da natureza.[10]

Há uma boa razão para concluir que toda ciência tem objetivos (finalidades), função, objeto e métodos próprios; portanto, cada ciência baseia-se nos seus próprios termos, conceitos e postulados durante o processo de investigação e inquirição da realidade.

Contudo, muito do que se diz dos objetos naturais vale igualmente para os objetos humanos. As regras lógicas do conhecimento, por exemplo, são as mesmas. No entanto, justifica-se uma metodologia relativamente específica para as ciências humanas, porque o fenômeno humano possui componentes irredutíveis às características da realidade exata e natural.[11]

O Direito, especificamente, considerado como uma das ciências humanas, tem alcançado diferentes acepções, a saber: Direito como conjunto de normas, como conjunto de regras, como garantias. Também é certo que "a palavra direito, como se sabe, emprega-se num duplo sentido: no sentido objetivo, e no sentido subjetivo. O direito no sentido objetivo é o conjunto de princípios jurídicos aplicados pelo Estado à ordem legal da vida. O direito, no sentido subjetivo, é a transformação da regra abstrata no direito concreto da pessoa interessada".[12]

De acordo com as opiniões de diversos autores, ao conjunto de teorias formuladas sobre o tratamento, interpretação e aplicação das leis suscetíveis de uma legislação exterior se

---

[10] KELSEN, Hans. *Teoria Pura do Direito. Op. cit.*, p. 2.
[11] DEMO, Pedro. *Op. cit.*, p. 13.
[12] IHERING, Rudolf Von. *A Luta pelo Direito*. 16. ed. Tradução de João Vasconcelos. Rio de Janeiro: Forense, 1996, p. 3.

chama teoria do Direito ou simplesmente Direito, mas, quando tais legislações ocorrem sistematizadas, formam a chamada ciência do Direito positivo. O homem versado nesta ciência ou que conhece Direito é chamado de jurisconsulto, e, finalmente, o conhecimento das leis exteriores, de um modo exterior, isto é, em sua aplicação aos diferentes casos apresentados pela experiência, recebe o nome de jurisprudência.[13]

No contexto filosófico, Hegel[14] considerou a ciência do Direito como sendo uma parte da filosofia que tem como objetivo desenvolver, a partir do conceito, a idéia, observando a evolução imanente própria da matéria. Enquanto parte, a ciência do Direito tem um ponto de partida definido, que é o resultado e a verdade daquilo que precede e no que se denomina a prova. Assim, o conceito do Direito se encontra, quanto sua gênese, fora da ciência do Direito; sua dedução é pressuposta e deve ser tomada como dado.

De acordo com os ensinamentos de Kelsen, "o conhecimento jurídico dirige-se a estas normas que possuem o caráter de normas jurídicas e conferem a determinados fatos o caráter de atos jurídicos (ou antijurídicos). Na verdade, o Direito, que constitui o objeto deste conhecimento, é uma ordem normativa da conduta humana, ou seja, um sistema de normas que regulam o comportamento humano. Com o termo 'norma' se quer significar que algo deve ser ou acontecer, especialmente que um homem se deve conduzir de determinada maneira".[15]

Kelsen analisa o Direito sob a ótica teórico-analítica, isto é, como teoria da norma jurídica, já que a norma serve de instrumento para solucionar problemas sociais, ao nelas se definirem os sujeitos, o objeto de regulamentação e o direito subjetivo vistos na relação jurídica. Porém, ao se conceber o Direito como norma, ou melhor, como um sistema de normas (como uma ordem normativa), se estaria limitando a ciência jurídica ao conhecimento e descrição de normas jurídicas e delimitando-se assim o Direito "em face da natureza e a ciência jurídica, como ciência normativa, em face de todas as outras ciências que visam o conhecimento, informado pela lei da causalidade, de processos reais".[16]

Para Kant, o Direito (direito estrito) "se funda, na verdade, na consciência da obrigação de todos, segundo a lei; porém, para determinar o arbítrio em consequência dessa obrigação, o

---

[13] KANT, Emmanuel. *Doutrina do Direito*. Tradução de Edson Bini. São Paulo: Ícone, 1993, p. 44.
[14] HEGEL, G. W. F. *Princípios da Filosofia do Direito*. Tradução de Norberto de Paula Lima. São Paulo: Ícone, 1997, p. 71.
[15] KELSEN, Hans. *Teoria Pura do Direito*. *Op. cit.*, p. 5.
[16] *Ibid.*, p. 84.

direito estrito ou puro (aquele em que não se mescla nada próprio da moral) não pode nem deve se referir a essa consciência como móvel; pelo contrário, deve se apoiar no princípio da possibilidade de todos, segundo leis gerais [...] O direito e a faculdade de obrigar são, portanto, uma mesma coisa".[17]

Considera-se também que o Direito estabelece uma ordem para a convivência humana, sob a exigência da Justiça, ordem que, numa determinada comunidade jurídica, se sabe vinculante a cada momento.[18] No critério de outros autores, entre os quais nos incluímos, o Direito é uma ciência sistemática, pois, no processo de criação do mesmo, busca-se regular e proteger juridicamente os fatos e situações jurídicas previamente valoradas que surgem ou podem surgir nas relações sociais e econômicas.

Parece-nos, portanto, que nenhuma das concepções expostas, embora não coincidentes e às vezes conflitantes, é suficiente para negar o caráter científico do Direito: pelo contrário, todas ajudam a solidificar e fortalecer o critério de que o Direito é uma ciência autônoma com funções próprias referidas à organização (tipificação, classificação e sistematização dos fatos e atos jurídicos) e à valoração das relações socioeconômicas, pois sabe-se que através das regras jurídicas se organizam, medem, regulamentam e protegem as relações sociais, antecipando prováveis soluções para os litígios sociais.

O Direito é, dentro das ciências humanas, uma ciência constituída de um conjunto de conhecimentos organizados sistematicamente que refletem os fatos sociais e as leis que determinam a regulação social destes fatos. São conhecimentos metodologicamente coordenados, resultantes de um estudo ordenado das normas jurídicas.[19] A ciência do Direito tem força transformadora expressa: no desenvolvimento intelectual, no conhecimento científico da realidade, na regulação nas relações sociais e na avaliação da realidade e da ideologia dos homens.

Considere-se, pois, que a fundamentação científica do Direito não se baseia somente no caráter normativo e regulador das relações sociais, mas também nos benefícios que os resultados dos estudos jurídicos trazem para a humanidade. O Direito é uma ciência que propõe um grupo de conceitos e princípios científicos, porém seu caráter científico é determinado por seus próprios métodos que permitem o desenvolvimento intelectual e o

---

[17] KANT Emmanuel. *Doutrina do Direito*. *Op. cit.*, p. 48.

[18] LARENZ, Karl. *Metodologia da Ciência do Direito*, p. 208, *apud*. Custódio da Piedade Ubaldino Miranda. *Interpretação e Integração dos Negócios Jurídicos*. São Paulo: Rt, 1989, p. 1.

[19] DOURADO de Gusmão, Paulo. *Introdução ao Estudo do Direito*. 23. ed. Rio de Janeiro: Forense, 1998, p. 3.

conhecimento e a avaliação da realidade das relações socioeconômicas.

Quanto aos métodos jurídicos, observou-se que, "sendo o direito uma realidade específica, não seria de bom alvitre transportar para a égide da ciência métodos válidos para outras ciências. Achando que o jurista deveria investigar o direito, mediante processos próprios ao seu estudo, verificou que isto só seria possível se houvesse *pureza metódica*".[20] É certo que na ciência do Direito pesquisamos com métodos próprios (específico da ciência), porém não existe regra que proíba vincular nossos estudos a outros métodos mais gerais (alternativos) ou auxiliares. Por conseguinte, embora existam métodos particulares das ciências humanas, cada uma delas poderá valer-se dos métodos considerados comuns a todas as ciências.

Resumindo: a ciência do Direito se nutre dos resultados das pesquisas científicas (processo de inquirição da realidade e fenômenos) desenvolvidas com métodos adequados. Neste caso, um dos métodos de pesquisas jurídicas é mesmo o "comparado", através do qual se alcançam determinados resultados: a análise, síntese ou conclusões científicas.

Até aqui, podemos considerar que o Direito comparado é uma parte da ciência do Direito e, embora sejam científicas as suas formulações, tal parte ou fragmentação do Direito não poderia ser considerada "ciência", por sua falta de independência e autonomia.

b) Ramos do Direito

A palavra ramo, em sua acepção comum, refere-se a cada parte que nasce de um tronco, ou melhor, a cada família que se constitui, partindo do mesmo tronco. Sob esta concepção, no *Vocabulaire Juridique*, publicado em Paris em 1936 e coordenado por Henri Capitant, definiu-se o Direito comparado como "o ramo da ciência do direito que tem por objeto a aproximação sistemática das instituições jurídicas de diversos países". Esta definição também correspondeu, ao mesmo tempo, à da Academia Internacional de Direito Comparado de Haia, nos estatutos de sua fundação (13 de setembro de 1924).[21]

De fato, o Direito se organiza por ramos ou famílias, que, relacionados entre si, constituem um sistema. Assim, seguindo a divisão clássico-romanista, geralmente é dividido o Direito em *público* e *privado*. Esta divisão gerou a classificação mais tradicional, por meio da qual organiza o Direito da seguinte maneira:

---

[20] KELSEN, Hans. *Teoria Pura do Direito*. Tradução de João Baptista Machado. 4. ed. São Paulo: Martins Fontes, 1995, *apud*. Maria Helena Diniz. *Compêndio de introdução à ciência do Direito*. 11. ed. atualizada São Paulo: Saraiva, 1999, p 118.

[21] ANCEL Marc. *Utilidade e Métodos do Direito Comparado*. Tradução: Prof. Sérgio José Porto. Porto Alegre: Sergio Antonio Fabris Editor, 1980, p. 43.

1 Ramos do Direito Público:

a) Direito Público Interno: Direito Constitucional, Direito Administrativo, Direito Penal, Direito Tributário, Direito Eleitoral, Direito Ambiental, Direito Trabalhista, Direito Processual e Direito do Consumidor;

b) Direito Público Externo: Direito Internacional Público e Direito Internacional Privado.

2 Ramos do Direito Privado: Direito Civil (Direito da Propriedade, Direito da Família, Direito das Obrigações e Contratos, Direito das Sucessões) e Direito Comercial.

Assim sendo, "o Direito Público apresenta normas que regem as relações em que o sujeito é o Estado, tutelando os interesses gerais e visando o fim social, quer perante os seus membros, quer perante os outros Estados".[22]

Destaca-se, dentro do Direito Público, o *Direito Constitucional*. As constituições têm por objeto estabelecer a estrutura do Estado, a organização de seus órgãos, o modo de aquisição do poder e a forma de seu exercício, os limites de sua atuação, assegurar os direitos e garantias dos indivíduos, fixar o regime político e disciplinar os fins socioeconômicos, sociais e culturais.[23]

Por meio do *Direito Administrativo*, representativo das normas que regulamentam a atividade do Estado, garante-se, entre outras coisas, o direito das pessoas de apresentar reclamações a qualquer autoridade e de obter pronta resolução. Como assinala Caio Tácito, "o Direito Administrativo surgiu como disciplina jurídica autônoma em época relativamente recente. Até a reforma política decorrente da Revolução Francesa não se podia caracterizar a independência científica dos preceitos reguladores da atividade administrativa do Estado. Por certo, muito antes desse marco cronológico existiam normas jurídicas sobre a organização e a execução de serviços públicos. Faltava, porém, a unidade de tratamento, de objeto e de método. É evidente que a tarefa administrativa precedeu ao Direito Administrativo. Todo

---

[22] DINIZ, Maria Helena. *Compêndio de Introdução à Ciência do Direito*. 11. ed. atualizada. *Op. cit.*, p. 254.
[23] AFONSO da Silva, José. *Curso de Direito Constitucional Positivo*. 14 ed. São Paulo: Malheiros, 1997, p. 46.

grupo social, mesmo primitivo e embrionário, exerce funções de administração. A disciplina da vida comum as conduz a um processo administrativo, embora rudimentar [...]".[24]

Define-se o *Direito Penal* "como o complexo de normas que definem crimes e contravenções, estabelecendo penas com as quais o Estado mantém a integridade da ordem jurídica, mediante sua função preventiva e repressiva".[25] No Direito Penal apresenta-se com maior relevância a regulamentação do direito de todo homem a não ser privado da liberdade, salvo nos casos e segundo as formas estabelecidas pelas leis, o direito de não ser detido pelo não-cumprimento de obrigações de caráter civil, e que, sendo privado de sua liberdade, um juiz verifique imediatamente a legalidade da medida e que o julgamento se faça sem demora injustificada. Geralmente é objeto de regulação penal o tratamento humano durante todo o processo e o tempo que implique a privação da liberdade, a presunção de inocência dos acusados, até que se prove o contrário, o direito a ser ouvido de forma imparcial e pública por tribunal competente e previamente estabelecido, de acordo com as leis, o direito a não poder ser condenado por ações ou omissões que no momento em que foram cometidas não se constituíam em delitos segundo o direito aplicável, o dever de não se impor uma pena mais grave do que a aplicável no momento em que o delito foi cometido, o direito a ser indenizado no caso de condenação por erro judicial etc.

Em matéria de *Direito Tributário*, regula-se o dever de pagar os impostos estabelecidos por lei para sustentação dos serviços públicos, isto é, a "despesa e a receita do Estado".

O *Direito Processual* disciplina os procedimentos para a efetiva distribuição da justiça e os mecanismos e prazos para a solução dos conflitos sociais. Sabe-se que nas disposições do Direito Processual são incluídas certas regras pelas quais é reconhecida a condição de partes no processo e de recorrer aos tribunais para fazer valer direitos e ter um procedimento simples e breve.

O *Direito Eleitoral,* visto como parte do Direito Constitucional, regulamenta o dever de votar nas eleições, o direito a ser eleito e, muitas vezes, o dever de prestar os serviços civis e militares que a Pátria requeira para sua defesa.

O *Direito Trabalhista* às vezes é considerado parte do direito privado, quando disciplina as relações entre empregados e empregadores (empresas particulares), ou do direito

---

[24] TÁCITO Caio. *Direito Administrativo de Amanhã. O Estado do Futuro.* São Paulo: Pioneira, 1998, p. 135.

[25] DINIZ, Maria Helena. *Compêndio de Introdução à Ciência do Direito.* 11. ed. atualizada. *Op. cit.*, p. 254.

público, quando o empregador é o próprio Estado (empresas e unidades estatais).

Na análise da natureza do *Direito Ambiental* em relação à dicotomia Direito Público e Privado, valem as lições de Celso Antonio Pacheco Fiorillo e Marcelo Abelha Rodrigues[26], com as quais alerta-se sobre o uso do vocábulo "todos" no artigo 225 da Constituição Federal, determinando-se assim quem seria o titular do correspondente direito, ao dizer que *todos têm direito a um meio ambiente ecologicamente* equilibrado. Nesse sentido, e também se apoiando no critério de Nelson Nery, entendem os autores como difusa a reparação por danos causados ao meio ambiente, por se tratar de um direito de natureza indivisível, bens públicos e titulares indetermináveis.

O *Direito do Consumidor* (também considerado dentro dos direitos difusos e coletivos) tem como causa as próprias relações econômicas de consumo e a organização do mercado, razão pela qual nas constituições, códigos e leis de defesa do consumidor e usuários reconhecem-se os princípios jurídicos vinculados aos direitos dos consumidores e regulamentam-se as relações que se estabelecem entre o produtor e o consumidor. Assim, por meio deste importante direito, são resolvidos os litígios surgidos destas relações que têm como causa os abusos dos quais o consumidor é vítima e cuja solução não é encontrada nas regras jurídicas tradicionais.

No Direito Público externo incluem-se o *Direito Internacional Público*: conjunto de normas reguladoras das relações entre os Estados, e *Direito Internacional Privado*: direito que regulamenta as relações entre os Estados e os particulares.

Já o Direito Privado é o chamado direito de uso dos particulares frente ao Público, que se realiza em atenção a usos gerais. Desta forma, as implicações essenciais dos direitos do homem hão de ser localizadas nessa distinção, que tem como base de sustentação os textos jurídicos clássicos, como apoio de uma concepção de justiça que então era denominada como "arte de dar a cada um o Direito que lhe pertence".

Com efeito, como afirma Luiz Diez Picazo, "parece claro que todas as normas jurídicas pretendem buscar um interesse do tipo geral, sem prejuízo de que possa contemplar também interesses particulares, a respeito dos quais tratam de encontrar um ponto de equilíbrio".[27]

---

[26] PACHECO Fiorillo, Celso Antonio; Abelha Rodrigues, Marcelo. *Manual de Direito Ambiental e Legislação Aplicável.* São Paulo: Max Limonad, 1997, p. 79-84.

[27] DIEZ Picazo, Luis & Antonio Gullón. *Instituciones de Derecho Civil.* Volumen I. Editorial Tecnos, S. A., Madri, 1995, p. 40.

Para o Direito Privado, a autonomia privada ocupa um papel importante, pois se identifica com o poder de governar-se a si mesmo e de determinar livremente sua esfera de atuação. A autonomia privada, como liberdade individual, reconhece a liberdade do homem em sua esfera privada. Assim, as obrigações nascidas dos contratos entre particulares só têm força de lei entre as partes contratantes, o que explica o caráter limitado e particular deste Direito, para o qual seus únicos limites devem ser: a lei, a moral e a ordem pública. O que transforma o seu sentido num plano altamente relativo é que, por lei, se proíbe ou se autoriza tudo o que no interesse da lei se deseja proibir ou autorizar.

Contudo, desempenham um papel muito importante as disposições contidas em cada um dos ramos e institutos jurídicos, pois neles se pode incluir a proteção do homem contra os ataques abusivos à sua honra, à sua reputação, à sua vida privada e à sua família. Por exemplo, no *Direito da Família* reconhece-se que toda pessoa tem direito a ela e a receber proteção por parte do Estado, que o matrimônio não pode celebrar-se sem o livre consentimento dos contraentes, que exista e se garanta a igualdade de direitos entre os cônjuges e a igualdade de direitos tanto para os filhos nascidos dentro como fora do matrimônio, o regime de filiação, o direito ao nome e sobrenome dos pais, o dever de proteção dos menores.

De maneira particular, cada legislação nacional reconhece a proteção dos direitos pessoais, reais, atos e relações jurídicas civis, através das normas jurídicas pertencentes ao *Direito Civil* e que são reguladoras da personalidade e capacidade jurídica, da propriedade, a família, as obrigações e as sucessões encontradas nos respectivos Códigos (civil ou da família). Ainda, o *Direito Comercial* disciplinado nos Códigos de Comércios regulamentam as atividades desenvolvidas na esfera do comércio por pessoas naturais e jurídicas.

Até aqui consideramos que a delimitação existente entre ramos do direito e ciência jurídica nos permite concluir que "as ciências caracterizam-se pela utilização de métodos científicos; em contrapartida, nem todos os ramos de estudo que empregam estes métodos são ciências. Dessas afirmações podemos concluir que a utilização de métodos científicos não é da alçada exclusiva da ciência, mas não há ciência sem emprego de métodos científicos".[28]

Analisando-se a sistemática do Direito, afirma-se que não há Direito comparado no sentido em que se fala de Direito civil, de Direito penal ou de Direito administrativo; a expressão é, destarte, equívoca, por se considerar que o Direito comparado não tem um objeto

---

[28] LAKATOS, Eva Maria e Marina de Andrade Marconi. *Metodologia Científica. Op. cit.*, p. 39.

próprio, como o têm os diferentes ramos do direito. O Direito comparado, mais que um ramo, é método jurídico de comparação que se aplica às matérias que pertencem a um outro ramo do Direito, ou melhor, um modo científico de unificação (coordenação) e aperfeiçoamento dos institutos jurídicos vigentes. Adotando essa teoria, é que diversos autores não consideram que o Direito comparado seja um ramo de Direito independente. A esses problemas de *geografia jurídica*, segundo Marc Ancel, acresce, por outro lado, um problema metodológico de monta, que relega a segundo plano as controvérsias teórico-doutrinárias, tradicionais desde 1900, sobre a função e a natureza do Direito comparado. Em sua célebre obra *Comparative Law*, publicada em 1946 e apresentada como *An Introduction to the Comparative Method of Legal Study and Research*, H. C. Gutteridge afirma que o Direito comparado não é um ramo autônomo da ciência jurídica: ele consiste unicamente no emprego de um método particular, o método comparativo, o qual pode e deve ser usado em todos os ramos do direito[29].

c) Disciplina jurídica

Alguns autores consideram que o Direito comparado é uma disciplina científica, "na medida precisamente em que vai além do conteúdo normativo e da utilização técnica do sistema de direito interno".[30] Outros afirmam que ele não tem caráter autônomo, "pois utiliza-se de dados fornecidos pela ciência do direito e pela sociologia jurídica".[31] Diz-se que o Direito comparado é disciplina "independente e autônoma, tendo por objetivo deduzir do conjunto de instituições particulares um fundo comum, ou ao menos pontos de aproximação suscetíveis de fazer transparecer, sob a diversidade aparente das formas, a unidade profunda da vida jurídica universal".[32]

Em nossa opinião, no mundo acadêmico (universitário) o Direito comparado pode ser visto como disciplina jurídica que possibilita ao estudante novos conhecimentos sobre regras e conceitos específicos. De qualquer forma, a comparação jurídica precisa ser sistematizada, com a finalidade de se incluir nos planos de estudo de todas as carreiras de Direito, como – inteligentemente – se tem feito na maioria das universidades européias e norte-americanas, permitindo-se objetivamente a orientação científica e uniforme dos estudos históricos e comparativos.

---

[29] ANCEL Marc. *Utilidade e Métodos do Direito Comparado. Op. cit.*, pp. 19, 38-39, 45, 49 e 51.
[30] Ibid., p 51.
[31] DINIZ, Maria Helena. *Compêndio de Introdução à ciência do Direito*. 11. ed. atualizada. *Op. cit.*, p. 225.
[32] ANCEL Marc. *Op. cit.*, p. 25.

Hoje, com muito mais força precisa-se estimular o desenvolvimento de pesquisas comparadas nas universidades, por estarem elas permitindo estabelecer o caráter interdisciplinar dos estudos jurídicos e possibilitando a integração de todos os ramos do direito. Note-se que cada instituto (conjunto de normas, regime ou regra jurídica) e ramo jurídico, sejam público ou privado, são suscetíveis da abordagem comparativa, histórica e etimológica, buscada, na teoria e prática do Direito, nos diversos países, períodos históricos ou sistemas jurídicos.

Resumindo: os estudos jurídicos comparados possuem um caráter básico e fundamental, pois, entre outras coisas, viabilizam a compreensão da terminologia jurídica e a interpretação das regras de Direito por parte dos estudantes. Esses estudos fornecem conceitos que possibilitam a compreensão do Direito como um todo, podendo ser cada instituto jurídico objeto da abordagem comparativa, facilitando o conhecimento da teoria e da prática da ciência, segundo os diversos países e sistemas jurídicos.

d) Método de pesquisa

São próprios das ciências os métodos teóricos e empíricos, através dos quais revelam-se as regularidades interna e externa dos fenômenos e processos que se produzem na natureza, na sociedade e no pensamento. Os métodos científicos têm uma importância relevante na obtenção, processamento e sistematização do conhecimento, garantindo, ademais, a veracidade dos mesmos.

Os métodos científicos orientam o pesquisador durante o desenvolvimento da pesquisa científica, garantindo a direção ordenada do pensamento na elaboração da ciência. Já nas pesquisas jurídicas podem ser empregados métodos gerais (auxiliares e alternativos) válidos para todas as ciências e específicos do direito. Entre os métodos gerais (auxiliares e alternativos), como explicaremos no Capítulo 4, destacam-se, entre outros: a observação, a análise, a síntese, a dedução (raciocínio que deriva do geral ao particular – silogismo jurídico) e indução.

Os métodos específicos são os métodos próprios da ciência do Direito, a saber: teórico-jurídico, exegético-analítico, sociológico (sócio-jurídico), histórico e comparativo (comparado).[33]

Estes métodos garantem o desenvolvimento das pesquisas, guiando o raciocínio lógico do pesquisador. Especificamente, o método comparado proporciona os "meios técnicos de suprir lacunas e as imperfeições dos direitos nacionais".[34] Referindo-se a esse importante assunto, o genial historiador Prieto Bonfante[35] considera que o método comparado também é um método específico de estudo histórico do Direito. Tal método, afirma o autor, confronta os direitos dos distintos povos, especialmente na fase primitiva de seu desenvolvimento, para escrutar as origens e integrar as lacunas da documentação histórica por meio da analogia de instituições paralelas, partindo da hipótese de que as origens da Humanidade e da vida dos povos seguem, em condições análogas, leis uniformes de desenvolvimento.

Coincidindo com tais afirmações, Nelson Saldanha explica que, convergindo para o estudo do Direito, o método comparativo (porque o "Direito comparado", como a "Economia comparada", é antes de tudo método) cria duas problemáticas complementares. O ponto de vista comparativo procura a realidade jurídica no diferente e no semelhante de manifestações culturalmente situadas, referindo-se a sistemas que se classificam de diferentes formas. Do ponto de vista sociológico, afirma o autor, busca-se a realidade do Direito no contexto da realidade social, que é sempre uma determinada realidade, situada e correspondente também a algum sistema.[36] É evidente que com tais conclusões reforça-se o caráter científico do comparativismo jurídico, sendo considerado método e não ciência.

Em suma, os debates em torno da natureza científica do Direito comparado têm como causa o fato de se considerar se o mesmo constitui, ou não, um conjunto de conhecimentos independentes, isto é, uma "ciência autônoma". A respeito, somos da opinião de que "o Direito comparado não é nem uma ciência nem mesmo um ramo do Direito (civil, comercial, penal) é constituído por um conjunto de regras positivas metodicamente coordenadas, e não há, neste sentido, uma 'província do direito comparado' (o Direito comparado não é, por conseguinte, um ramo do Direito); de outro lado, o Direito comparado – isto é, a pesquisa comparativa – é inseparável de seu objeto, e suas concepções definem-se em função da finalidade que se lhe atribui (o Direito comparado, ajunte-se então, não é portanto uma ciência). O Direito comparado nada mais é do que o método comparativo aplicado no terreno das ciências

---

[33] JIMÉNEZ Serrano, Pablo e Heitor Pinto Filho. *Manual Básico do Pesquisador*. São Paulo: Leud, 2001, p. 49-122.
[34] ANCEL, Marc. *Utilidade e Métodos do Direito Comparado*. *Op. cit*., p. 23.
[35] BONFANTE, Prieto. *Historia del Derecho Romano*. Traducción completada y revisada por José Santa Cruz Teijeiro. Madri: Revista de Derecho Privado, vol. I, 1944, p. 13.
[36] SALDANHA Nelson. *Sociologia do Direito*. 3. ed. São Paulo: RT, 1989, p. 52-53.

jurídicas".[37]

Assim, considerada a comparação do Direito como um método de pesquisa jurídica "de aproximação, unificação ou de aperfeiçoamento das instituições vigentes",[38] para os efeitos de nosso estudo se define o mesmo como sendo um conjunto de procedimentos que orientam a confrontação de sistemas (ordens ou ordenamentos), institutos, normas, regras, teorias e doutrinas jurídicas para, de forma coerente e sistemática, determinar as semelhanças e diferenças existentes entre as legislações nacionais e estrangeiras.

Para melhor compreender esta orientação, considere-se que, do ponto de vista metodológico, *ciência*, *método* e *pesquisa* são conceitos diferentes (ver o diagrama A). Por outro lado, o método (comparativo) é constituído por um conjunto de procedimentos específicos, coerentes e racionais que orientam o pensamento do pesquisador durante o desenvolvimento da pesquisa, sendo de grande valia para o enriquecimento da ciência do Direito (ver o diagrama B).

Diagrama A:

CIÊNCIA	PESQUISA	MÉTODO CIENTÍFICO
CONJUNTO DE CONHECIMENTOS Acumulação de conhecimentos ordenados, válidos, relacionados e sistematizados	**PROCESSO DE INVESTIGAÇÃO** Atividade crítica e criativa voltada para a formação do conhecimento científico	**CONJUNTO DE PROCEDIMENTOS** Caminhos que possibilitam o conhecimento e inquirição da realidade e a solução de problemas científicos

Diagrama B:

CIÊNCIA
(Direito)
↓
PESQUISA

[37] ANCEL Marc. *Utilidade e métodos do Direito comparado. Op. cit.*, p. 47.
[38] *Ibid.*, p 51.

(Processo de Investigação)

⇩

MÉTODO

(Método comparado)

⇩

PROCEDIMENTOS

(Formas de confrontar sistemas, institutos, teorias e doutrinas jurídicas)

A explicação correspondente dos conceitos e posicionamentos teóricos e metodológicos sobre o assunto é abordada no terceiro, quarto e quinto capítulos.

CAPÍTULO 2

IMPORTÂNCIA DA COMPARAÇÃO JURÍDICA

As pesquisas históricas desenvolvidas acerca do surgimento e a evolução da humanidade mostram o Direito como um produto orgânico, como uma emanação da consciência nacional de cada povo, que é suscetível de variar segundo os círculos sociais, a nação, o continentalismo e a humanidade.[39] Assim, estudos históricos confirmam que, como parte da superestrutura social, isto é, como um produto humano e sistemático, o Direito foi alcançando um desenvolvimento diferente e progressivo em cada época ou período histórico.

A necessidade de compreender a natureza das mudanças dos componentes da superestrutura de cada sociedade, ou seja, aquela parte abstrata que é consequência do desenvolvimento das relações sociais e econômicas de uma sociedade concreta (ciências: Economia, Direito, Filosofia etc.), artes, política, religião, ética e cultura em geral, estimulou o planejamento e execução de pesquisas. Seus resultados demonstraram que as concepções econômicas, políticas, religiosas, filosóficas e jurídicas estariam ligadas ao processo de desenvolvimento histórico de cada sociedade.

Realmente, o desenvolvimento científico-cultural é consequência do desenvolvimento econômico e social, verificando-se assim a existência de um vínculo dialético entre "Superestrutura" e a "Base Econômica", conceitos que estão presentes em cada "Formação Econômica e Social". O próprio desenvolvimento do homem, dos meios e instrumentos de trabalho vincula essas forças produtivas às relações sociais e de produção: distribuição, intercâmbio e consumo.

Desta forma, existe uma relação de correspondência entre "Superestrutura" e "Base Econômica", sendo que, a ciência jurídica, como parte dessa superestrutura, também acompanha todo o processo de desenvolvimento social e econômico. Observe-se tal correspondência no diagrama:

---

[39] MIRANDA, Pontes de. *Sistema de Ciência Positiva do Direito*. 2. ed. Rio de Janeiro: Borsoi, t. IV, 1972, p. 5.

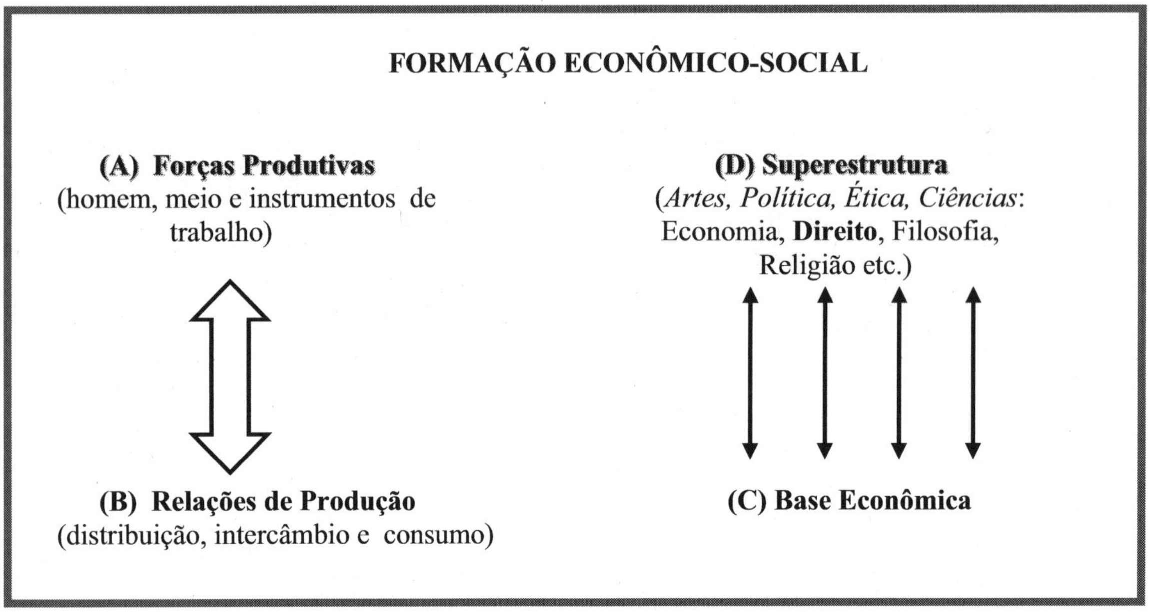

Verifica-se, assim, que o Direito é conforme às necessidades, sentimentos e costumes de um determinado povo e, como a arte e a literatura, se transforma, aperfeiçoa e desenvolve, seguindo o ritmo do desenvolvimento e aperfeiçoamento da sociedade. Por conseguinte, em cada sociedade e período histórico criam-se legislações representativas de um tipo de Direito que se caracteriza pelo seu próprio desenvolvimento.

O Direito, como fenômeno social, é o reflexo da base ou estrutura econômica da sociedade. Assim sendo, o direito e a sociedade existem dentro de uma relação dialética, razão pela qual os textos legais têm de se adaptar às vivências práticas e à riqueza das relações sociais e econômicas. A atualidade do Direito comparado, explicada no presente capítulo, fica justificada pela maneira como ele contribui para a confrontação legislativa e o enriquecimento da ciência.

2.1. Evolução do comparativismo: tendências comparativas pioneiras

O comparativismo teve como motivação científica o surgimento e a evolução da humanidade. Diz-se que, para analisar a evolução da humanidade, os comparativistas preferiram estudar a história *interna* e *externa* da mesma, tomando como amostra determinados períodos e territórios. Pode-se afirmar que os primeiros historiadores e comparativistas valeram-se do método *sincrônico* (*cronológico*) para dividir a histórica em períodos.

Do ponto de vista jurídico, o desenvolvimento da ciência do Direito foi consequência das constantes formulações e reformulações lógicas: teórico-práticas e metodológicas que resultam das pesquisas jurídicas, geralmente teórico-doutrinárias.

Vale salientar que as comparações jurídicas pioneiras possibilitaram a orientação positiva e posterior da ciência do Direito. Ora, para podermos concretizar a análise histórica e científica dessas tendências comparativas, consideramos necessário estabelecer como referência o Direito romano, para poder dividir a história em períodos. A seguir, estabelecemos uma delimitação cronológica, tomando como referência os seguintes três momentos cruciais:

1 Período anterior à iniciação histórica, jurídica e cultural romana;

2 Período correspondente à iniciação e desenvolvimento histórico, cultural e jurídico de Roma;

3 Período posterior ao desenvolvimento histórico, jurídico e cultural de Roma (expansão do Direito romano).

Justificamos a eleição da iniciação, desenvolvimento e expansão do Direito romano como referência histórica, devido a que, sempre que se estabelece distância entre o Direito e o estudo direto das fontes romanas, deixa-se de contribuir com a história, limita-se o aperfeiçoamento do sentido jurídico e privamo-nos da utilidade que os resultados das pesquisas podem oferecer no aspecto filosófico e legislativo.

2.1.1. Período anterior à iniciação histórica e cultural romana

Uma das questões mais polêmicas e conflitantes do comparativismo científico é a determinação dos métodos de pesquisa que devem ser usados nos estudos que têm como objeto os períodos primitivos mais escuros da História universal e que foram anteriores à formação do Estado e do Direito.

Pode-se dizer que, durante as primeiras tentativas comparativas, conquistou-se um instrumento de extraordinária importância para a etnologia e a pré-história. As migrações, as necessidades, o grau cultural, a constituição social e jurídica dos povos nas épocas escuras, em que se carece de documentos históricos e de monumentos arqueológicos, foram estabelecidos com certeza irrefragável, ou com a ilusão de tal certeza, mediante a glotologia (ciência da linguagem ou estudo científico das línguas).[40]

A glotologia parecia proporcionar a chave de todos os problemas, desde as origens da linguagem até as origens da sociedade humana. Mas muitas das conclusões científicas, fundamentalmente, as referentes à origem asiática e à superioridade dos arianos e ao grau elevado de sua cultura, chegaram a ser consideradas contraditórias e ridículas, até o ponto de fazer esses estudos perderem o caráter científico.

A arqueologia, a etnologia, a antropologia e o Direito (Direito comparado) começaram a colocar em dúvida os resultados dos estudos científicos das línguas. De qualquer forma, consideram-se de extrema importância tais comparações da linguística, feitas antes da iniciação histórica e cultural romana por servir de base e ponto de comparação para as pesquisas posteriores.

No que se refere à sua origem, as comparações jurídicas surgiram num certo momento como instrumentos de indagação de evidências secretas da unidade das estirpes árias. Em essência, dois fatores foram determinantes para os estudos comparados:[41]

1 admitiu-se que todos os povos que falavam línguas árias, isto é, indivíduos pertencentes a algumas das três primeiras classes dos hindus: índios, persas e armênios, na Ásia; os helenos, itálicos, celtas, germanos, eslavos e leto-lituanos, na Europa; enfim, povos muitos antigos, que iniciaram a civilização indo-européia, são ramificações de um povo único.

2 argumentou-se legitimamente que esse povo único levou da pátria originária um fundo comum de instituições, e pôs em prática esse fundo utilizando os elementos comuns da linguagem.

As afinidades mais estreitas existentes entre certos grupos linguísticos, por exemplo, entre gregos, celtas e latinos, fizeram suspeitar que a separação dos povos compreendidos dentro destes grupos ocorreu numa época posterior à separação do tronco comum; ulteriormente buscou-se aprofundar esta indagação examinando o fundo comum de instituições existentes entre os povos mais afins.

Nesta perspectiva, num momento posterior, utilizou-se a comparação jurídica como

---

[40] BONFANTE, Prieto. *Historia del Derecho Romano. Op. cit.*, p. 20.
[41] Ibid., p. 16.

um método que permitiria examinar as instituições jurídicas romanas e gregas e confrontá-las com outras, surgidas em territórios próximos ou distantes. Assim se concluiu que o povo romano foi, em verdade, o mais longevo e sabiamente dominador que existiu no mundo antes do povo inglês, e mais feliz do que este na assimilação das culturas estranhas, favorecido ademais por razões várias com uma especial vocação e atitude para a formação e interpretação do Direito, no qual concentrou, de modo quase exclusivo, a própria intelectualidade.[42]

2.1.2 Período correspondente à iniciação e desenvolvimento histórico, cultural e jurídico de Roma

Historiadores modernos, influenciados pelas idéias do Direito comparado, estimam que, num primeiro momento, a propriedade romana foi coletiva e centrada precisamente naquele grupo que se mostrou tão ativo nas origens de Roma. Mas os dados que deveriam demonstrar as origens da propriedade romana derivada da fase coletiva são de caráter duvidoso e equívoco. Em conjunto, os indícios diretos e o auxílio do Direito Comparado não esclarecem a origem da primitiva estrutura da propriedade romana.[43]

Um acontecimento importante, do ponto de vista jurídico, foi a criação da Lei das Doze Tábuas. Diz-se que o direito escrito encontrou neste ordenamento jurídico "um monumento para o direito que revela claramente uma legislação rude e bárbara, fortemente inspirada em legislações primitivas e, talvez, muito pouco diferente do direito vigente nos séculos anteriores".[44]

Diversos historiadores consideram que a Lei das Doze Tábuas foi o resultado de um intenso trabalho *comparativo* das leis gregas e se constituiu na fonte de todo o direito público e privado romano na República. Por essa razão, chegou-se, como uma conclusão infeliz, a pensar que existiu uma unidade jurídica greco-itálica, que se converteu num dogma para os pesquisadores, tanto historiadores quanto comparativistas.

Prieto Bonfante, por exemplo, pesquisando o período onde teve lugar o desenvolvimento do Direito romano, confirma que os institutos jurídicos dessa época sofreram uma duvidosa influência do Direito grego e germânico, e ainda a antiga ordem japonesa mostrou uma incrível identidade com as instituições jurídicas romanas. Assim, o

[42] Ibid., p. 5.
[43] Ibid., pp. 220, 229.
[44] SALVO Venosa, Silvio de. *Direito Civil*. Parte Geral. São Paulo: Atlas, 2001, p. 54.

autor considera de duvidosa imitação e importação da Grécia:[45]

1 a estrutura fundamental das instituições e o paralelismo existente entre as públicas e as privadas;

2 a divisão do poder supremo entre vários titulares independentes e soberanos e com direito ao veto; sistema bastante frequente nas repúblicas, revelado não só nas cidades gregas, como também nas cidades italianas medievais;

3 o regime da propriedade individual e do condomínio privado;

4 as disposições patrimoniais por causa de morte, e as adoções feitas com a finalidade de transmitir o patrimônio familiar. Tais disposições encontraram-se em muitos povos, mas o testamento, com sua instituição de herdeiro, foi considerado um sistema específico romano; e se se entende como imitado do Direito grego, terá de se considerar imitado também o Direito testamentário;

5 a proibição de certas cerimônias fúnebres, as quais podem ter tido origem estrangeira por parecer um preceito isolado e excepcional;

6 o princípio do risco ou da necessidade do pagamento para que se opere a transmissão da propriedade na compra e venda. Ainda, admitindo que essa norma fosse do Direito antigo.

A confusão dos sistemas e das épocas realça a influência do Direito grego nas velhas instituições civis aos novos fins. De qualquer forma, essas aparentes importações não são suficientes para negar que as Doze Tábuas representam um Direito tipicamente romano.

O impetuoso desenvolvimento jurídico de Roma acompanhou a própria vida de seu povo; porém, a história do Direito romano constituiu um verdadeiro ideal científico-jurídico para a humanidade, pois a evolução desse Direito propiciou os fundamentos sociais, políticos, econômicos, jurídicos e culturais das diversas regiões e territórios por eles conquistados.

2.1.3 Período posterior ao desenvolvimento histórico, jurídico e cultural de Roma (expansão do Direito romano)

Como consequência da expansão do Império Romano surgiram diversas leis que regulamentaram a relação de Roma com os povos conquistados. Assim, do gênio romano herdou-se um tecnicismo jurídico impressionante, sendo a norma jurídica romana a mais

[45] BONFANTE, Prieto. *Historia del Derecho Romano. Op. cit.*, p. 155-156.

orgânica, contínua, profunda e progressiva de todas as histórias jurídicas.

O Direito romano destacou-se igualmente pelo caráter dinâmico de seus institutos. As instituições do Direito romano penetraram nos mais distantes territórios e a sua terminologia transitou por toda a história jurídica e se inseriu nas mais modernas legislações, sendo ainda fonte do conhecimento jurídico, histórico e político. O Direito romano estendeu-se por toda Itália e por todo o Ocidente, assumindo a forma do Direito comum, desenvolvendo-se também no Oriente na forma do Direito bizantino e constituindo a base do Direito muçulmano.

O Direito de Justiniano, por exemplo, foi estudado em toda a Europa, desde o século XII, e aceito oficialmente na Alemanha em fins do século XV; teve grande influência na formação do Direito atual, refletindo-se na redação dos modernos códigos, em especial no Código Civil francês de 2 de março de 1804 e no Código Civil alemão de 1900.[46]

A história do Direito romano formou parte essencial da história do Direito moderno, sendo, ademais, uma referência valiosa da cultura antiga. No campo das ciências jurídicas, o Direito romano é uma referência normativa que ainda domina o pensamento dos mais modernos doutrinadores.

Tanto o Direito público como o privado sofreram influência romana devido à mistura de conceitos e institutos privados, especialmente na época do feudalismo. Ainda hoje, por causa da infiltração de termos e conceitos romanos, e da permanência de alguns institutos jurídicos no direito contemporâneo, o Direito romano é considerado parte da história do Direito moderno e parte da cultura universal.

Pode-se afirmar que todo o mundo civilizado leva impresso o selo das normas jurídicas romanas e a prova disso é que em muitos países iniciou-se um processo de adaptação do Direito romano às novas relações sociais. Assim, o desenvolvimento e evolução de todos os sistemas jurídicos valeu-se do Direito romano.

O comparativismo jurídico teve entre suas origens a influência e expansão do Direito romano. Portanto, o *porquê* das tendências comparativistas está, entre outras causas, na repercussão que o Direito romano teve na formação dos sistemas jurídicos posteriores.

Como bem afirma Prieto Bonfante,[47] os estudos das instituições jurídicas desenvolvidos na Itália tiveram como resultado a aproximação da história ao Direito vigente, elevando-se o valor universal da história do Direito romano. Assim, podemos confirmar que a

---

[46] CRETELLA, Júnior José. *Curso de Direito Romano.* 14. ed. revista e aumentada. Rio de Janeiro: Forense, 1991, p. 10.

[47] BONFANTE, Prieto. *Historia del Derecho Romano. Op. cit.*, p. 10.

comparação das formações jurídicas primitivas teve como motivação a necessidade de conhecer o Direito estrangeiro e de confrontá-lo com o nacional.

Vejam-se, a seguir, os fatos e acontecimentos que resumem as tendências comparativas pioneiras:[48]

1. Licurgo, em Esparta, e Sólon, em Atenas, viajaram pelos países próximos (vizinhos) para conhecer os institutos jurídicos, antes de legislar.

2. Os encarregados de redigir a Lei das Doze Tábuas se informaram, primeiro, sobre as leis gregas, que influenciaram visivelmente a primeira legislação escrita em Roma.

3. Platão, em *As Leis,* utilizou importantes comparações.

4. Aristóteles discutiu o conteúdo das constituições de sua época.

5. Montesquieu, na sua grandiosa obra *O Espírito das Leis* (1748), desenvolveu sua pesquisa baseada nas relações existentes entre os fenômenos jurídicos, históricos, políticos e até mesmo climáticos. Sob esse título, pôde-se ver nele o primeiro dos comparativistas a extrair conclusões relevantes para a ciência do Direito.

Devido à importância das vivências de Montesquieu,[49] fazemos a seguir uma síntese do legado de sua obra:

1. O povo romano distinguiu-se pela sua probidade. Por isso, muitas vezes o legislador não precisou mais que mostrar-lhe o bem para que o seguisse. Bastava dar-lhe conselhos em vez de ordens.

2. O legislador deve sempre se ajustar ao espírito da nação, pois nada se faz melhor que o que fazemos livremente, seguindo a nossa índole natural.

3. Ao se ditar leis que modificam costumes e impõem limites ao luxo, quem sabe se com isto não se faz o povo perder o gosto e a urbanidade que tanto atraem os estrangeiros?

4. As leis são instituições particulares e determinantes do legislador; no entanto, os costumes são instituições da nação em geral. Quando se quer mudar os costumes, não se precisa fazê-lo mediante leis, pois isto poderia parecer tirânico; é preferível fazê-lo por meio de outras maneiras e costumes.

5. Boas são as penas para evitar os delitos; para mudar os costumes bastam os exemplos.

---

[48] ANCEL Marc. *Utilidade e Métodos do Direito Comparado. Op. cit.*, pp. 19-20.

[49] MONTESQUIEU. *El Espíritu de las Leyes*. La Habana: Ciencias Sociales, 1976, p. 120, 336, 341, 361- 362, 369, 522- 523, 526, 610- 612.

6. A privação total do comércio é, ao contrário, conducente ao roubo, que Aristóteles incluiu entre os modos de adquirir. O latrocínio não se opõe a certas virtudes morais: por exemplo, a hospitalidade é muito rara nos países comerciantes e é muito comum nos povos que vivem do roubo violento.

7. O comércio faz os homens mais sociáveis, mais ativos, mas, ao mesmo tempo, menos sensíveis aos sentimentos de generosidade. O sistema do comerciante se reduz a este princípio: que cada um trabalhe para si como eu trabalho para mim; a ninguém peço nada sem oferecer-lhe o equivalente: faça o mesmo.

8. Existem dois tipos de povos pobres: os empobrecidos pela dureza do governo e os que nunca tiveram aspirações por não conhecerem, ou por desdenharem as comodidades da vida. Os primeiros não são capazes de nenhuma virtude, porque seu empobrecimento é consequência de seu servilismo; os segundos podem fazer grandes coisas, porque a pobreza faz parte de sua liberdade.

9. Sólon ordenou em Atenas que não se privasse da liberdade por dívidas civis. Esta era a lei do Egito. Excelente lei em matéria civil ordinária; mas nós fazemos bem em não admiti-la em assuntos mercantis.

10. Deve-se examinar se as leis que parecem ser contraditórias não são da mesma índole.

11. Em Roma permitiu-se que o marido emprestasse sua mulher a outro homem. Mas, ao mesmo tempo, castigava-se o marido que consentia as transgressões de sua mulher, que não a acusava ou que voltava a recebê-la depois de condenada por seus desmandos. Essas leis parecem contraditórias, mas não o são. A lei que permitia aos maridos de Roma emprestar sua mulher evidentemente era uma lei de Esparta, cujo objetivo era dar à República filhos de boa cepa; a outra tinha por objetivo a conservação dos costumes; a primeira era lei política, a segunda era uma lei civil.

12. A liberdade consiste principalmente em não estar ninguém obrigado a fazer coisa nenhuma que a lei não ordene; e essa liberdade não existe senão em virtude de sermos todos governados pelas leis civis. Somos livres, porque vivemos sujeitos às leis civis. Disto resulta que não se ajusta à natureza das coisas aquela república de Itália, na qual se castigava com pena capital quem portava armas de fogo; de modo que, por se fazer uso indevido delas, não se pagava mais caro que por levá-las.

13. O criador das leis deve respeitar as regras que orientam a maneira de formá-las. O

estilo deve ser conciso. As Leis das Doze Tábuas são exemplos de precisão: as crianças as decorariam. As leis de Justiniano foram difusas, e por isso foi necessário resumi-las. Além de lacônico, o estilo das leis tem de ser simples; a expressão direta sempre se compreende melhor que a figurada. As leis do Baixo Império careciam de majestade: o príncipe se expressa nelas como um retórico. É essencial que a letra das leis desperte as mesmas idéias em todos.

14. As leis não devem ser sutis; são feitas para pessoas de entendimento mediano; têm de estar ao alcance da razão vulgar de um pai de família e do sentido comum, sem serem arte de lógica nem uma exposição de sutilezas. Quando numa lei não são indispensáveis as exceções, as limitações e as modificações, é melhor não as colocar. Tais detalhes conduzem a mais detalhes. Não é conveniente introduzir modificações nas leis, mas, sim, existir razão suficiente.

Na verdade, o comparativismo, como método de pesquisa jurídica, consolidou-se com o desenvolvimento industrial e do comércio internacional. Assim, diversas tendências comparativas tiveram como causa a aproximação espontânea e obrigatória entre sistemas diferentes, realizada por dois processos especiais: a expansão ou a introdução do Direito imposta pelas conquistas, colonização, anexação ou cessão de territórios, a criação de sistemas de direitos mistos.[50]

Resumindo: "As divergências entre as ordens jurídicas", ensina nos Maria Helena Diniz, "derivam de *fatores de diversificação*, decorrentes das diferentes origens dos ordenamentos, de *fatores de nivelamento*, atinentes ao fenômeno das migrações jurídicas, como a expansão do direito romano, do direito canônico, do direito nazista imposto à Áustria no dia seguinte ao da anexação etc., e a imitação, decorrente do conhecimento das ordens jurídicas estrangeiras e a sua comparação com as normas nacionais; assim, o prestígio da civilização ocidental no Oriente, após a Primeira Guerra Mundial, explica a europeização dos códigos civis do Japão e da China e de *revolução*, que é, concomitante, fator de diversificação e de nivelamento, p. ex., a Revolução Francesa de 1789."[51] E ainda, pela cópia ou imitação do modelo jurídico e econômico soviético ocorrida durante várias décadas nos países que optaram pela construção de uma sociedade socialista, como é o caso de Cuba.

---

[50] ANCEL Marc. *Utilidade e métodos do Direito Comparado. Op. cit.*, p. 75-76.
[51] DINIZ, Maria Helena. *Compêndio de Introdução à ciência do Direito*. 11. ed. atualizada. *Op. cit.*, p. 224.

O desenvolvimento da tendência comparativa proveio da expansão da cultura européia e correu paralelamente à gradual integração metódica de que resultariam as ciências sociais contemporâneas. Grande pensadores, como Maquiavel e Voltaire, foram também observadores e comparadores por excelência.[52] De qualquer forma, o Direito comparado consolidou-se no final do século XIX; mas é a partir de 1900 que foi considerado como um Direito moderno.

2.2. Utilidade, vigência e função da comparação de direitos

O método comparado constitui-se numa fórmula jurídica complexa que serve para mudar o panorama histórico e as formas clássicas de produção do Direito. Os diversos estudos sobre os direitos estrangeiros permitem o conhecimento e a melhor compreensão dos direitos nacionais, cujas características particulares e semelhanças se evidenciam por meio das comparações com o Direito estrangeiro.

a) Utilidade

Se, por um lado, o conhecimento da teoria, da história e da filosofia jurídica permite a formação de uma visão completa do Direito, isto é, visão não compartimentada dos problemas jurídicos nacionais, por outro, a contribuição do Direito comparado evidentemente repercute no desenvolvimento das diferentes ordens jurídicas nacionais. Tal contribuição alcança grande relevância nas pesquisas, no trabalho legislativo, na interpretação das normas jurídicas por parte dos juízes e demais operadores do Direito e na explicação e construção das novas teorias por parte dos professores e juristas-pesquisadores.

A utilidade da comparação jurídica está na sua evidente contribuição para a unificação dos diferentes direitos nacionais; pois, em princípio, a comparação jurídica permite avaliar as possibilidades da aproximação legislativa às exigências contemporâneas, o que, no critério de Pontes de Miranda[53], permite "a renovação e o progredimento do direito nacional, suscitando a rejeição de certas regras e a adoção de outras (o que sugere passos mais firmes nas reformas

---

[52] SALDANHA Nelson. *Sociologia do Direito. Op. cit.*, p. 52-53.
[53] MIRANDA, Pontes de. *Sistema de Ciência Positiva do Direito. Op. cit.*, p. 6.

e nas demolições)". A prática do Direito comparado, por exemplo, para o Direito Internacional público e privado é de fato de grande utilidade para alcançar as integrações regionais, para se lograr a constituição de uma ordem jurídica e a colaboração econômica pacífica. Pois, de fato, "a comunidade dos povos se realiza através de um sistema recíproco de empréstimos e préstimos que torna indispensável o estudo sistemático das leis e as instituições de outras nações".[54]

Em essência, as relações socioeconômicas de um país geram relações jurídicas que acabam se diferenciando daquelas que existem noutros países de escasso ou avançado desenvolvimento. Logo, as legislações nacionais acabam sendo diferentes e cambiantes porque também são diferentes e cambiantes as relações socioeconômicas. Tais mudanças econômicas e sociais "constituem o fundo e a razão de ser de toda a evolução jurídica; e o Direito é feito para traduzir em disposições positivas e imperativas toda a evolução social".[55]

Em suma, o Direito comparado resulta de grande utilidade para o desenvolvimento e aplicação do Direito, pois por meio dele podemos:

1. identificar as normas jurídicas correlativas (afins) nas legislações nacionais e estrangeiras, visando confrontá-las para determinar as analogias e diferenças existentes entre os sistemas e institutos, e avaliar o desenvolvimento e aproximação das legislações ou instituições jurídicas de diversos países, formando assim o novo Direito positivo contemporâneo;

2. confrontar teorias e doutrinas jurídicas: conceitos, classificações, interpretações, correlações e generalizações jurídicas com o objetivo de avaliar o nível de reconhecimento e respeito dos princípios gerais do direito nas legislações;

3. conhecer a natureza e evolução histórica das instituições do Direito, induzindo, coordenando e relacionando as notícias e tradições do passado com o presente;

4. descobrir e formular os princípios comuns que regem as relações socioeconômicas, jurídicas e políticas das nações civilizadas;

---

[54] *Ibid.*, p. 24.
[55] MAXIMILIANO, Carlos. *Hermenêutica e Aplicação do Direito*. 16ª ed. Rio de Janeiro: Forense, 1996, p. 159.

5. determinar a possibilidade de enriquecimentos recíprocos entre normas jurídicas, sem comprometer a estrutura dos sistemas aos quais pertencem;

6. fornecer bases jurídicas e conclusões científicas, a partir da experiência nacional e internacional, com o objetivo de aperfeiçoar os diferentes sistemas jurídicos.

b) Vigência

A unificação de direitos continua sendo um desafio para os juristas contemporâneos, pois a integração dos mercados também traz como consequência os desdobramentos institucionais e jurídicos.

No processo de integração das legislações nacionais e internacionais, a comparação de direitos resulta ser um método necessário, ao se procurar avaliar a posição que ocupam a regras jurídicas nos diferentes sistemas jurídicos contemporâneos.

Hoje fala-se de globalização e integração econômica como processos internacionais constituídos por uma necessidade do mundo moderno. Nesses termos abordam-se questões essenciais da economia mundial e do Direito neste novo século, possibilitando mudanças nas relações internacionais entre países. A globalização, do ponto de vista econômico, refere-se à internacionalização produtiva do estágio alcançado pela produção internacional. Porém, o conceito de globalização relaciona-se à distribuição mundial dos bens por meio de um sistema de redes privadas, firmas multinacionais, representando a extensão dos mercados e a internacionalização da economia em diversos territórios.

O conceito atual de integração econômica dos países elimina as travas para se tentar lograr o incremento do comércio em determinadas regiões, considerando-se assim as diferentes modalidades: zona livre, união aduaneira, mercado único etc. A integração, porém, não só abarca os setores econômicos, mas também sociais, políticos, culturais e jurídicos. Por esta razão, os pesquisadores (comparativistas) propõem-se buscar a unificação legislativa.

Assim, a tendência de universalização jurídica ressurge hoje não como crença, mas como vontade dirigida a se constituir um único Direito positivo, que reúna todos os direitos positivos existentes, e que seja produto não da natureza, mas da história, e que esteja não na origem do desenvolvimento social e histórico. A idéia de um Estado único mundial é a idéia-limite da universalidade jurídica, com um retorno à idéia de um direito natural revelado pela razão, até o estabelecimento de um direito positivo universal.[56]

c) Função

O problema da unificação e aperfeiçoamento dos direitos nacionais representa o porquê dos estudos comparativos. Tais estudos, em essência, não têm como único objetivo constatar as semelhanças e diferenças existentes entre as legislações e as constantes jurídicas entre os sistemas, mas "construir o direito mundial [...]".[57]

O confronto das legislações nacionais e estrangeiras permite a orientação da ciência do Direito, sob o ideal de se construir um sistema jurídico universal muito mais justo e eficaz. Por esta, e outras razões, a comparação de direitos alcançou uma extraordinária importância para os profissionais que se dedicam a explicar, interpretar e aplicar o Direito. Assim se sabe, por exemplo, que "um grupo de juristas europeus e latino-americanos propuseram-se examinar a conveniência, possibilidade prática e de conteúdo do que deveria ser um 'Código Uniforme das obrigações' para aqueles países de comum tradição jurídica latina".[58]

O caráter permanente e universal de muitos institutos jurídicos também faz pensar na uniformização ou harmonização legislativa. Assim sendo, a notória influência de certas legislações sobre outras, por exemplo, a influência do Direito Civil espanhol nas legislações atuais dos países que outrora foram colônias da Espanha, igualmente estimula a comparação jurídica.

Segundo os ensinamentos de Marc Ancel,[59] a comparação de direitos tem as seguintes funções:

a) fazer conhecer uma instituição de Direito estrangeiro, isto é, o reconhecimento das grandes famílias do Direito do mundo moderno;

b) procurar uma solução internacional para um problema concreto;

c) confrontar a posição de dois direitos, mesmo que próximos, sobre um determinado assunto;

d) delimitar os parâmetros jurídicos de certas relações internacionais, preparar uma convenção de unificação.

---

[56] BOBBIO Norberto. *Teoría General del Derecho*. Bogotá: Temis, 1987, pp. 244-245.
[57] CARNEVALI de Camacho, Magaly. *Derecho de Obligaciones*. Mérida-Venezuela: Universidad de Los Andes, 1993, p. 15.
[58] *Ibid.*, p. 34.
[59] ANCEL Marc. *Utilidade e métodos do Direito Comparado*. Op. cit., p. 50-51.

2.3. Repercussão teórico-prática e metodológica da comparação de direitos

A comparação de direitos tem uma inegável repercussão teórica, prática e metodológica em toda a esfera jurídica.

No âmbito teórico, por exemplo, através da comparação jurídica colocam-se as diversas fontes do Direito em termos de "possibilitar a cooperação eficaz à aproximação progressiva dos direitos nacionais, notadamente no terreno do direito das transações comerciais ou do direito negocial".[60] Nesse contexto, as pesquisas comparadas facilitam a avaliação e conhecimento do complexo de regras em que se enquadra cada caso concreto, graças ao conhecimento dos princípios que determinam a correlação entre as leis dos diferentes tempos e lugares. A pesquisa comparada permite, através da confrontação, avaliar as idéias ou posições teóricas.

As pesquisas comparativas permitem o aprofundamento da história do Direito ou da filosofia jurídica, e, servindo ao ensino, facilitam ao jurista um melhor conhecimento e compreensão do seu Direito, ao determinar suas características particulares, evidenciadas por meio da comparação com o Direito estrangeiro.

As pesquisas comparativas revelam, ainda, a teoria geral do Direito, que somente atinge o seu valor quando abstraída da estreita técnica de um sistema particular, enriquecendo a bagagem do jurista, até mesmo o mais graduado, pois lhe fornece as perspectivas, as idéias, os argumentos que o simples conhecimento de seu próprio Direito não lhe forneceria.

No terreno prático, o conhecimento do Direito estrangeiro é indispensável para os operadores do Direito: advogados, juízes, árbitros, diplomatas, sendo que todo problema e litígio jurídico internacional pode, em certos casos, permitir a aplicação do Direito Internacional. Como bem afirma Pedro Demo, "nada melhor para a teoria do que uma boa prática e vice-versa".[61]

A pesquisa comparada oferece uma visão muito mais completa (não-compartimentada) do fenômeno jurídico, durante a criação do Direito, permitindo redigir de forma mais integral as regras jurídicas. Assim, o método jurídico comparado serve também de

[60] Ibid., p. 46.
[61] DEMO, Pedro. *Introdução à Metodologia da Ciência*. *Op. cit.*, p. 26.

referência e auxílio aos trabalhos legislativos desenvolvidos com o objetivo da unificação regional, continental ou internacional, embora seja certo que, durante o processo de criação do Direito, "todo legislador deverá se ajustar ao espírito da nação, quando não é contrário aos princípios do regime".[62]

As leis estrangeiras estão no vasto domínio do conhecimento científico, refletindo-se no espírito dos legisladores no momento da elaboração das leis pátrias. Assim, por meio do comparativismo podem-se preencher as lacunas jurídicas, e, ainda, desvendar a obscuridade na lei, segundo os termos e pensamentos revistos em outras leis que a tornam mais precisa e completa, seja esta nacional ou estrangeira.

De acordo como os ensinamentos de Norberto Bobbio,[63] objetivando a integração do Direito, pode-se completar a ordem jurídica recorrendo à *hetero-integração ou à auto-integração*. Segundo este importante autor, o primeiro método consiste na integração desenvolvida por meio de duas vias: *a)* recorrendo a ordens jurídicas diversas; *b)* recorrendo a fontes distintas da dominante (lei, na ordem examinada). O segundo método consiste na integração desenvolvida na mesma ordem, no âmbito da mesma fonte dominante, sem recorrer a outras ordens, ou recorrendo minimamente a fontes distintas da dominante. Assim, a *hetero-integração* consiste no dever que o juiz tem de se apoiar, quando existem lacunas, no Direito positivo e no Direito natural, não se excluindo a possibilidade de que uma ordem jurídica recorra a outras. Aqui o autor distingue duas possibilidades:

1. Dirige-se a ordens precedentes no tempo. Por exemplo, quando uma ordem vigente recorre ao Direito romano, que é a matriz histórica;

2. Referir-se a ordens contemporâneas, como quando a ordem estatal assume normas de outra ordem estatal ou do direito canônico.

A auto-integração do sistema pode ser feita por meio de diferentes métodos para se lograr a expansão lógica do Direito positivo, expansão que coincide com o que em termos gerais pode ser chamado método analógico. É o preconizado sobretudo pela concepção rigidamente positiva do ordenamento que não admite a existência de outras normas que não as

---

[62] MONTESQUIEU. *El espíritu de las Leyes*. *Op. cit.*, p. 336.
[63] BOBBIO Norberto. *Teoría General del Derecho*. *Op. cit.*, pp. 230-231.

positivamente estabelecidas. Diferente é o sistema de integração do ordenamento mediante a busca e aplicação de princípios gerais de Direito, com o que se chega ao que pode ser chamado de integração principal, pois, à falta de toda norma ou costume, sempre existirá um princípio geral de Direito que seja aplicável.[64]

No âmbito metodológico, a pesquisa comparada estimula a atividade crítica, contribuindo para o desenvolvimento da ciência jurídica. Os estudos comparados permitem que o pesquisador adote uma "atitude típica diante da realidade, da atitude de dúvida, de crítica, de indagação, rodeada de cuidados para não sermos ingênuos, crédulos, apressados. Tudo isto é questão metodológica [...]. É muito válido, portanto, dedicar-se à discussão sobre os caminhos seguidos pelos autores para construir suas teorias, contrastando com outros caminhos. No final buscamos a opção própria metodológica que fundamentaria nossa proposta de ciência".[65]

Assim, justifica-se, uma vez mais, que a comparação de direitos é uma atividade de pesquisa, pela qual nos dedicamos à inquirição de uma parte da realidade sócio-jurídica. O jurista hodierno, além de conhecer as leis de um modo exterior, isto é, aplicadas aos diferentes casos concretos apresentados pela experiência, deve ter consciência da necessidade de conhecer as legislações estrangeiras, pois, em geral "a ciência não conhece fronteiras, nem línguas, nem políticas".[66]

O cientista não poderá dar à ciência do Direito somente uma única visão nacional, reduzindo-o a um complexo de normas internas. O profissional que só se interessa por conhecer o Direito nacional e dominar seu tecnicismo limita a sua visão do Direito ao simples desempenho técnico, não sendo capaz de entendê-lo em toda sua expressão, isto é, como uma "ciência". Por conseguinte, "na medida em que o estudo comparativo pretende ser rigorosamente científico, ele tende a ultrapassar os egoísmos nacionais e permitir a cada um aproveitar as descobertas dos outros".[67]

---

[64] DIEZ-PICAZO, Luis e Antonio Gullón. *Instituciones de Derecho Civil. Op. cit.*, p. 122.
[65] DEMO, Pedro. *Introdução à Metodologia da Ciência. Op. cit.*, p. 25.
[66] ANCEL Marc. *Utilidade e métodos do Direito comparado. Op. cit.*, p. 17.
[67] *Ibid.*, p. 31.

CAPÍTULO 3

CONCEITOS BÁSICOS DA COMPARAÇÃO JURÍDICA

Os estudos jurídicos desenvolvem-se observando determinados conceitos e orientações metodológicas. No presente capítulo abordamos o campo dos estudos jurídicos comparativos e os conceitos básicos do delineamento teórico-metodológico, conceitos que nos permitem orientar o processo de pesquisa.

3.1. Campo dos estudos jurídicos comparativos

Em capítulos anteriores referimo-nos a algumas das diferenças existentes entre as ciências naturais e sociais. Ora, é mister ressaltar que as realidades sociais, como objeto das ciências humanas (sociais), diferentemente do objeto das ciências naturais, se nos apresentam de formas mais cambiantes e qualitativas do que estáveis e quantitativas.

Observando as diferenças existentes entre o objeto das ciências naturais e sociais, Pedro Demo também destaca o caráter ideológico das ciências sociais. A ideologia, afirma o citado autor, acomete qualquer ciência, também as naturais; mas nas ciências sociais faz parte intrínseca do objeto. Para o autor, as ciências sociais serão científicas, sempre que nelas predominarem os traços reconhecidos como científicos; não serão científicas caso predomine a intenção ideológica ou se fizerem a ilusão de isenção ideológica.[68]

Sendo destacada como objeto das ciências humanas, define-se a realidade social como sendo "situações de recíproca afirmação entre dois ou mais homens, suposto que exista na representação deles e seja volitivamente estabelecida".[69] Assim, é comum identificar as realidades sociais com as dimensões que compõem nossa forma de viver e o espaço que a cerca.

---

[68] DEMO, Pedro. *Introdução à Metodologia da Ciência. Op. cit.*, p. 17-18.
[69] MIRANDA, Pontes de. *Sistema de Ciência Positiva do Direito. Op. cit.*, p. 18.

Para Pedro Demo as realidades sociais circunscrevem-se às dimensões sociais, tanto àquelas que estão em nós quanto àquelas que nos circundam; fazem parte delas igualmente nossas ideologias, representações mentais, símbolos, crenças e valores, bem como o comportamento externo e os condicionamentos circundantes de ordem social.[70]

Toda pesquisa jurídica se desenvolve mediante um processo de inquirição àquela parte da realidade social que tem repercussão no Direito, e que, por ser constituída por fenômenos jurídicos, é considerada realidade jurídica. Assim, chama-se de realidade jurídica a toda qualidade do que existe na realidade sócio-normativa, que produz efeitos no Direito. De acordo com essa interpretação consideramos que formam parte da realidade jurídica: *a)* fenômenos jurídicos dinâmicos: fatos e atos jurídicos e fenômenos jurídicos estáticos: situações jurídicas, *b)* norma e valor (parte material e formal do Direito).

Atribui-se, geralmente, um caráter social às relações jurídicas, pelo fato de existir uma certa dificuldade de eliminarmos, nos vínculos entre dois indivíduos, o que concerne a outros e à sociedade. Porém, a relação entre dois indivíduos não é o único tipo de relação social, nem o mais importante. As relações jurídicas podem chegar a existir ainda sem que delas tenham consciência as pessoas entre as quais se estabelecem, ou exista vontade manifesta.[71] Tomem-se como exemplos: a herança da qual não se tinha notícias e o nascimento e a morte de uma pessoa.

O fenômeno jurídico, avaliado e regulamentado pelo ordenamento jurídico, pode ter forma *dinâmica*, quando, através de *fatos* (chuva, inundação, nascimento, morte etc.), ou de *atos* (acordos, contratos, testamentos, casamentos etc.), se constituem, modificam ou extinguem realidades (relações jurídicas). Por outro lado, o fenômeno jurídico poderá, ainda, ter forma *estática*, quando se produz uma situação jurídica referida ao modo de estado de vida, isto é, repercute no estado especial das pessoas ou das coisas. Exemplos: ser cônjuge, vendedor ou comprador, depositante ou depositário, mandante ou mandatário, proprietário ou possuidor, credor ou devedor, herdeiro, pessoa natural ou jurídica, maior de idade etc.

A realidade social, quando prevista pelo ordenamento jurídico, começa a formar parte da realidade jurídica. A própria existência do ordenamento jurídico obriga a uma divisão da realidade social em dois setores: o primeiro, organizado, regulamentado e disciplinado pelas normas e, o segundo, de que as normas não têm se ocupado por não considerá-lo necessário a

[70] DEMO, Pedro. *Introdução à Metodologia da Ciência. Op. cit.*, p. 27.
[71] MIRANDA, Pontes de. *Sistema de Ciência Positiva do Direito. Op. cit.*, p. 26-27.

uma justa paz da comunidade. A nota diferencial tem de se encontrar na necessidade de ordenação da realidade; por isso o casamento é uma relação jurídica e a amizade uma relação social.[72]

Destacando a natureza do objeto da pesquisa científico-jurídica, já vimos como importantes autores consideram que a ordem jurídica se forma de regras de direito; são, portanto, tais regras que constituem o objeto da pesquisa científica no domínio jurídico. Seriam tais princípios abstratos o campo das suas indagações.[73] Para Kelsen, por exemplo, o objeto específico da ciência jurídica é a norma do Direito; por isso nos ensina que o jurista teórico deve tão-somente conhecer e descrever tal norma, mediante proposição jurídica. Este pensador não negou a utilidade sociológica do Direito, mas criou – ao lado da ciência – uma teoria de justiça e uma investigação sociológica, combatendo tão-somente o sincretismo metodológico de uma ciência do Direito imbuída de sociologismo e política.[74]

Para Diez-Picazo e Antonio Gullón, a norma jurídica envolve uma grande parte da realidade social e, enquanto se planeja para ela uma determinada ordem jurídica, ela se converte em realidade jurídica (eficácia constitutiva das normas).[75] Destarte, a pesquisa comparada permite o exame do complexo jurídico-social buscado na própria realidade social que corresponde a um determinado sistema de normas. Aqui, o pesquisador estuda os fatos da vida jurídica (as relações sociais) através das normas. É bom lembrar que nem todos os fatos, atos e relações são jurídicos; portanto, a missão do pesquisador é abordar de forma direta o Direito (ordens, institutos, norma ou regra, teorias) e de forma indireta as relações sociais.

Numa visão sociológica do Direito, aponta Pontes de Miranda, "as regras é que são abstratas; as relações, não. E é de relações e não de normas que se constitui a matéria social, em que a ordem social se estabelece". Segundo este importante autor, as relações sociais mantêm maior continuidade causal que as instituições, que são efeitos formais; entre as relações de venda, troca, herança etc., em que se revelam, pois que atuam condições econômicas, psicológicas, morais, políticas etc., é que devem ser procuradas a gênese e evolução dos fenômenos jurídicos e não nas instituições propriamente ditas. O mesmo invólucro institucional, o mesmo texto de lei pode ter sentidos diferentes em dois ou três

[72] DIEZ-PICAZO, Luis e Antonio Gullón. *Instituciones de Derecho Civil. Op. cit.*, p. 137-138.
[73] SINZHEIMER, Hugo. *Die Soziologische Methode in der Privat...*, 1900, p 5, *apud* de Miranda, Pontes de. *Sistema de Ciência Positiva do Direito*. 2. ed. Rio de Janeiro: Borsoi, t. IV, 1972, p. 29.
[74] DINIZ, Maria Helena. *Compêndio de Introdução à ciência do Direito*. 11. ed. atualizada. *Op. cit.*, p. 119.
[75] DIEZ-PICAZO, Luis e Antonio Gullón. *Instituciones de Derecho Civil. Op. cit.*, p. 127.

períodos de vigência, às vezes distantes de um século, e somente nas relações sociais é que poderemos conhecer aqueles sentidos, porque é somente nas relações sociais que se encontram e podem ser apanhadas as normas que as regeram (história jurídica), que as regem (documentação atual), e que as devem reger (legislação e interpretação jurídica). Pode haver continuidade formal entre as sucessivas expressões da propriedade, da família, da posse etc.; mas, sociologicamente (e é isto o que interessa à ciência do Direito), o que se deve estudar é a continuidade substancial, e não só aparente, que consiste na indagação das sucessões dos fatos sociais, ou, melhor, das relações, que são os verdadeiros fenômenos da vida em comum e, para dizer tudo em poucas palavras, da matéria social.[76] De acordo com essa interpretação, pode-se considerar que a exposição comparativa tem como objeto imediato a realidade dos sistemas jurídicos (realidade jurídica comparativa).

Para Pontes de Miranda a pesquisa científica, no Direito como em todas as ciências sociais, somente pode fazer-se nas relações sociais, que nos dão a natureza econômica, moral, jurídica etc. Nesta teoria se observa uma forte influência do positivismo sociológico francês, predominante na época em que o autor escreveu sua destacada obra, influência que fez com que este e outros autores defendessem os critérios próprios do sociologismo jurídico, afirmando que as relações jurídicas são relações de adaptação, isto é, relações que a exprimem, ou relações que intentam prover à adaptação. No primeiro caso, são de si sós objetivas, esboçam por si mesmas as regras jurídicas, que o costume espontaneamente revela ou são estudadas e descobertas pelos que procuram o Direito nos fatos sociais. No segundo caso, relações cujo fim é prover à adaptação, conseguindo saber o grau de verdade, de eficácia e de acerto ou desacerto da regra jurídica proposta para ajustar ou conciliar os interesses humanos que na emergência estão presentes.[77]

Outro autor, Carlos Cossio, considera que a ciência jurídica deve estudar a conduta humana, enfocada em sua dimensão social, e não a norma jurídica. Considera o Direito um objeto cultural, composto de um substrato, que é a conduta em interferência intersubjetiva, e de um sentido, que é o dever de realizar um valor.[78]

Com uma interessante visão tridimensional do objeto do Direito, Miguel Reale conciliou e superou as intermináveis disputas de jusnaturalistas, historicistas, sociologistas e

[76] MIRANDA, Pontes de. *Sistema de Ciência Positiva do Direito*. *Op. cit.*, pp. 29, 40-41.
[77] *Ibid.*, p. 20.
[78] COSSIO, Carlos. *Teoria Egológica*, p. 63, *apud*, Maria Helena Diniz. *Compêndio de Introdução à Ciência do Direito*. 11. ed. atualizada. São Paulo: Saraiva, 1999, p. 135.

normativistas, surgidas devido à consideração monística e unilateral do direito.[79] Assim sendo, e segundo a acertada visão de Miguel Reale, deve-se estudar o Direito na totalidade de seus elementos constitutivos: fato, valor e norma. Como bem resumiria Tércio Sampaio Ferraz Júnior: "Foi nos quadros de uma mentalidade fortemente positivista, evolucionista e naturalista que, em 1940, Miguel Reale publicou o seu Fundamentos do Direito, provocando uma grande mudança no panorama jusfilosófico brasileiro, que se faria sentir sobretudo após a Segunda Guerra [...]. Nestes termos, escreveria mais tarde, sob o prisma da norma, 'fato', quer dizer, tanto um 'dado de natureza ou um acontecimento independente da vontade humana, como os eventos e realizações resultantes dela (os objetos histórico-culturais), inclusive os modelos jurídicos enquanto já positivados, isto é, já feitos pelo homem'. Se é verdade que as normas jurídicas se dirigem aos fatos, ao discipliná-los, Reale deixa entrever, no conceito de 'fato', uma 'nota de tipicidade' embrionária e de natureza axiológica, não sendo, portanto, algo que, em dado momento, passa a fazer parte do mundo jurídico, mas sim algo 'já dotado de sentido'. Ou seja, o fato, ao qual se dirige a norma, não ganha 'forma' apenas porque se torna conteúdo normativo (como em Kelsen, por exemplo), mas contém já alguma forma, que não se reduz inteiramente à norma: é a percepção do valor. Esta concepção de fato permite, assim, a Miguel Reale, uma reinterpretação da estrutura da norma na sua referência à 'realidade'. A norma deixa de ser aí um *a priori,* dado antes do caso concreto, um 'esquema' ou 'medida' de validez da 'realidade', para ser um 'modelo funcional' que contém em si mesmo o 'fato', em outras palavras, que envolve em si, como componente integrante, intrínseco e necessário, o momento situacional e sua carga valorativa. Está aí o esquema central do tridimensionalismo."[80]

Em nossa opinião, a inquirição da realidade jurídica logra-se com o auxílio de métodos teóricos e empíricos. As pesquisas jurídicas em geral, e a comparada em particular, são pesquisas que atuam sobre um campo determinado da realidade social, indagando de que forma, "em um sistema dado, os elementos sociais e econômicos agem e se expressam em termos de regras jurídicas".[81]

De acordo com a teoria tridimensional do Direito, já mencionada, as pesquisas

---

[79] DINIZ, Maria Helena. *Compêndio de Introdução à Ciência do Direito*. 11. ed. atualizada. Op. cit., p 142.
[80] SAMPAIO Ferraz Jr, Tercio. "A teoria Tridimensional do Direito de Miguel Reale". *in* Cidadania e Cultura Brasileira. Homenagem aos 90 anos do professor Miguel Reale – Shozo Motoyama organizador. São Paulo: Editora da Universidade de São Paulo, 2001, p. 52- 57.
[81] ANCEL Marc. *Utilidade e métodos do Direito comparado. Op. cit.*, p. 69.

comparativas abordam e investigam realidades localizadas nas diferenças e semelhanças da tradição jurídica de cada povo (nação) e sistema (ordem ou ordenamento) jurídico. Assim, pode-se dizer que o campo que as pesquisas jurídicas comparadas abrangem está interligado à organização jurídica (ordem e instituições jurídicas), à evolução legislativa e expressão teórico-doutrinária. Dessa forma, os estudos comparativos, como se verá na explicação dos níveis, formas e procedimentos (Capítulo 5), versam sobre: sistemas jurídicos, institutos, normas (sobre uma questão protegida e resolvida por regras jurídicas), teorias e doutrinas jurídicas. A determinação do campo do estudo comparativo determina a escolha das fontes de informação que evita tomar o caminho errado na pesquisa.

3.2. Delineamento metodológico das pesquisas comparadas

O planejamento de uma pesquisa implica delinear o caminho que ela percorrerá. Assim, o delineamento metodológico da pesquisa consiste em: *a)* captar uma *problemática científica*, *b)* formular *problemas científicos*, *c)* delimitar o *objeto* sobre o qual incide a pesquisa, *d)* estabelecer os *objetivos* que deverão ser alcançados, *e)* construir hipóteses, variáveis e indicadores e, *f)* definir os conceitos que serão usados durante o desenvolvimento da pesquisa.

3.2.1. A problemática científica comparativa

A problemática científica comparativa, isto é, a situação problemática de todo estudo jurídico comparativo, está referida ao conjunto de questões que motivam a confrontação jurídica, ou seja, as necessidades do sujeito (pesquisador) motivadas por um objeto (sistema, institutos, normas, teorias ou doutrinas jurídicas). Assim, a problemática científica poderá ser vista como o fato, situação ou fenômeno que dá início e estimula o estudo dos elementos comuns que presidem as legislações nacionais e estrangeiras, com o objetivo de facilitar o aperfeiçoamento e aproximação progressiva dos direitos nacionais.

Por exemplo, ante o interesse de avaliar integralmente o nível de desenvolvimento e aproximação do Direito positivo contemporâneo e de resolver os litígios jurídicos internacionais, poder-se-iam suscitar as seguintes necessidades:

a) examinar a natureza e evolução das instituições do Direito;

b) determinar a analogia entre os diferentes sistemas e institutos jurídicos;

c) aprofundar-se na história e na filosofia jurídica;

d) revelar a teoria do Direito e confrontar os conceitos, terminologia, classificações e interpretações jurídicas vigentes.

Em essência, como explicaremos a seguir, a comparação de direitos converte-se numa atividade científica de inquirição da realidade jurídica que precisa ser planejada formulando-se determinados conceitos que orientam e justificam o desenvolvimento das pesquisas.

3.2.2. Problema científico

O problema científico, o "por quê?" da pesquisa, pode ser considerado como uma questão levantada, depois de ter-se captado e examinado uma determinada situação problemática (problemática científica comparativa), com o objetivo de ser solucionada.

Assim, a formulação do problema científico terá como base uma dificuldade plenamente observada e analisada, que motiva o desenvolvimento da pesquisa. A formulação do problema parte da análise dos fatos ou fenômenos buscados na realidade jurídica comparativa, através da observação ou dos chamados estudos exploratórios.

Podemos captar uma problemática científica e formular um problema estudando outras áreas de pesquisa ou problemas já abordados por outros pesquisadores. Portanto, recomenda-se que, antes da formulação do problema, o pesquisador deverá fazer um estudo das pesquisas mais importantes já realizadas na área de seu interesse. Esse estudo indicará os problemas que ainda estão por ser abordados, apresentando teorias e técnicas suficientemente comprovadas em outras partes do mundo. Uma das técnicas que mais se utiliza nestes momentos para uma informação representativa é a consulta a especialistas do ramo, pois eles abarcam algumas áreas importantes da pesquisa que não foram suficientemente investigadas.[82]

A formulação de um problema científico comparativo consiste em expressar, com clareza, a problemática com a qual nos deparamos e que objetivamente desejamos resolver. Para a formulação do problema científico nas pesquisas jurídicas comparadas, é mister considerar todas as dúvidas surgidas da observação da realidade jurídica comparativa,

---

[82] PARDIÑA, Felipe. *Metodología y Técnica de investigaciones en ciencias sociales.* 3. ed. La Habana, Instituto cubano del libro, 1971, p. 126.

selecionando assim aquelas problemáticas que tenham verdadeira importância científica, atualidade e ineditismo. A meu ver, portanto, deverão ser observadas, entre outras, as seguintes regras:

1. Exame dos fatos não explicados pelas teorias já existentes.

2. Análise e avaliação de idéias e métodos para resolver os problemas propostos, levando em conta os novos fatos e premissas teóricas existentes.

3. Determinação do tipo de solução aplicada ao problema, e de sua finalidade e vínculo com outros problemas.

4. Descrição e interpretação preliminar do problema. Depois de esclarecer os fatos necessários, premissas teóricas, tipo de solução e objetivo do problema, se tornará possível descrevê-lo, para abordá-lo com maior exatidão, com a ajuda dos conceitos e juízos já elaborados pela ciência.[83]

O problema científico comparativo poderá ser formulado em forma de pergunta ou em forma de objetivo, não devendo, no entanto, ser extenso nem complexo, ao ponto de se tornar ambicioso. Igualmente, a formulação do problema científico comparativo deve ser precisa, indicando-se: seu *objeto* (aspecto da realidade jurídica que deve ser estudado), seu *âmbito territorial*, e o *tempo* ou *período* em que se desenvolve a pesquisa.

Toda formulação do problema científico comparativo deve ter um objetivo específico, isto é, deve responder a uma necessidade concreta e contribuir para um novo conhecimento, indicando os aspectos particulares que interessam ao pesquisador. Os termos incluídos na formulação do problema científico comparativo devem permitir a busca dos dados necessários para sua solução.

Assim, segundo os objetivos da pesquisa e a forma de elaboração, o problema científico numa pesquisa comparativa pode ser:

a) Descritivo: quando caracteriza situações, condições, fenômenos ou processos. Exemplos:

- "O grau de influência das instituições jurídicas civis espanholas na conformação do Direito Civil dos países latino-americanos."

---

[83] IVANOVICH Rusavin, Georgi. *Métodos de la investigación científica*. La Habana: Ciencias sociales, 1990, pp. 40-42.

- "A determinação das legislações mais propensas à codificação (...)".

"Quais são as instituições jurídicas civis mais propensas à unificação legislativa (...)?"

b) Causal: quando explica as causas, circunstâncias ou relação de determinadas ocorrências ou situações jurídicas. Exemplos:

- "As condições das quais depende a eficácia do processo de unificação do direito latino-americano."

- "As circunstâncias indispensáveis que influem na aproximação legislativa (...)".

- "Quais são as condições que exercem maior influência no processo de integração legislativa latino-americano?"

3.2.3. Objeto

O objeto, o "quê?" de toda pesquisa, representa aquela parte da realidade jurídica sobre a qual desenvolve-se o processo. Assim sendo, o objeto da pesquisa comparada refere-se à realidade jurídica sobre a qual atua o pesquisador.

O termo objeto, afirma Umberto Eco,[84] não tem necessariamente um significado físico. Uma classe social, por exemplo, é um objeto de estudo, ainda que algumas pessoas possam objetar que só se conhecem indivíduos ou médias estatísticas e não classes propriamente ditas (...). Definir o objeto significa então definir as condições sob as quais podemos falar, com base em certas regras que estabelecemos ou que outros estabelecem antes de nós.

Para Hans Kelsen, podem ser objeto de valoração jurídica as declarações ou comportamentos que se desenvolvem no círculo social, disciplinado pelo Direito, dotados de relevância jurídica, segundo as normas em vigor[85]. Entretanto, no contexto da comparação jurídica, poderá ser designado como objeto aquela parte formal (estrutural) de uma ordem ou sistema jurídico, o conteúdo das legislações (institutos– famílias jurídicas, normas e regras), teorias e doutrinas: conceitos, terminologias, classificações, interpretações, correlações e generalizações jurídicas.

---

[84] ECO, Umberto. *Como se faz uma tese*. 15. ed. São Paulo: Perspectiva, 1999, pp. 21-22.
[85] KELSEN, Hans. *Teoria Pura do Direito*. *Op. cit.*, p. 79

Para efeito de nosso estudo, as legislações de países diferentes, ou aquelas pertencentes a um mesmo sistema ou país, poderão ser objeto de pesquisa. É o caso bem conhecido dos países federados, e, no plano comparativo, o federalismo. Aqui o método comparativo é necessário até mesmo no interior de alguns países (Alemanha, Suíça, México, Estados Unidos da América) e ainda direitos nacionais (Estados Unitários, onde, por múltiplas razões, subsiste uma diversidade de legislações aplicáveis).[86]

Sendo determinado o problema e o objeto da pesquisa, deparamo-nos com as fontes das pesquisas, como outro importante conceito, que está de fato muito ligado ao objeto. Poderão ser consideradas fontes das pesquisas as seguintes:

a) literatura: obras dos tratadistas (doutrinadores), comentaristas, recompilações e repertórios (observando as teorias e doutrinas: conceitos, terminologias, classificações, interpretações, correlações e generalizações científico-jurídicas);

b) legislações: sejam de Direito público ou privado, observando-se a validade, correspondências e lacunas jurídicas (códigos, leis, decretos-lei, decretos, resoluções, regulamentos etc.);

c) normas jurídicas consuetudinárias: resoluções judiciais, contratos, testamentos, autos, sentenças;

d) fatos da conduta humana: costume, prática social (observando a vigência e eficácia social do direito, isto é, a obediência e respeitos dos cidadãos). Examina-se a sociologia do Direito para medir, entre outras coisas, a correspondência e efetividade jurídica de suas normas.

É mister distinguir a vigência da eficácia da norma. "Com palavra vigência designamos a existência específica de uma norma. Quando descrevemos o sentido ou o significado de um ato normativo dizemos que, com o ato em questão, uma conduta humana é preceituada, ordenada, prescrita, exigida, proibida; ou então consentida, permitida ou facultada [...]. Como a vigência da norma pertence à ordem do dever-ser, e não à ordem do

---

[86] ANCEL Marc. *Utilidade e métodos do Direito Comparado. Op. cit.*, p. 74.

ser, deve também distinguir-se a vigência da norma da sua eficácia, isto é, do ato real de ela ser efetivamente aplicada e observada, da circunstância de uma conduta humana conforme à norma se verificar na ordem dos fatos. Dizer eu uma norma vale (é vigente) traduz algo diferente do que se diz quando se afirma que ela é efetivamente aplicada e respeitada."[87]

Em suma, através da pesquisa das fontes podemos determinar como são formuladas as teorias, a doutrina e criado o aparato legislativo num ou vários sistemas de direitos. Insistimos agora, e nos posteriores capítulos, que nas pesquisas jurídicas comparadas se poderá optar por confrontar: *a)* a estrutura do Direito (aspecto formal), *b)* as instituições, normas e regras (conteúdo) e, *c)* as teorias e doutrinas: conceitos, terminologias, classificações, interpretações, correlações e generalizações científico-jurídicas, aprofundando nas situações particulares, nas quais as regras impõem garantias, obrigações e faculdades às pessoas ou ao Estado.

3.2.4. Objetivos

Os objetivos, isto é, o "para quê?" da pesquisa, são as pretensões, os propósitos ou finalidades almejadas pelo pesquisador com o seu desenvolvimento.

Os objetivos orientam o processo de pesquisa, pois servem para estabelecer o caminho a seguir durante o seu desenvolvimento. Os objetivos estão estreitamente ligados ao problema científico e às hipóteses, e, portanto, facilitam o estabelecimento da relação de correspondência lógica entre o estudo (conteúdo), a conclusão e as recomendações das pesquisas.

Resumindo: o problema científico representa uma necessidade observada na problemática jurídica, que motiva o desenvolvimento da pesquisa. O objeto é aquela parte da realidade jurídica sobre a qual recai a comparação e, finalmente, os objetivos representam as finalidades almejadas pelo pesquisador.

A relação que existe entre o problema científico e os objetivos nos leva, primeiro, a precisar o campo de ação da pesquisa e, depois, às hipóteses. Tal relação é considerada como obrigatória, pois garante o lógico e coerente vínculo que deverá existir entre a realidade objetiva (realidade jurídica) e o processo de pesquisa. Para melhor compreender tal relação, vejam-se os seguintes exemplos:

---

[87] KELSEN, Hans. *Teoria Pura do Direito. Op. cit.*, p. 11

Exemplo n.º 1

a) Problema: "Influência do Direito Civil espanhol sobre a conformação do Direito Civil dos países latino-americanos";

b) Objeto: "Sistema de Direito Civil espanhol e sistema de Direito Civil de cada país latino-americano";

c) Campo de ação: "Evolução histórica e normativa do Direito Civil espanhol e do Direito Civil de cada país latino-americano";

d) Objetivo: "Examinar a natureza e evolução do Direito Civil espanhol para determinar o grau de influência de suas instituições na conformação do sistema de Direito Civil de cada país latino-americano."

Exemplo n.º 2

a) Problema: "Quais são as instituições jurídicas civis mais propensas à unificação legislativa centro-americana?";

b) Objeto: "Legislações civis de cada país centro-americano";

c) Campo de ação: "Normas jurídicas correspondentes à legislação civil de cada país centro-americano";

d) Objetivos: "Examinar e caracterizar as instituições jurídicas civis de cada país centro-americano, para poder determinar quais são as mais propensas à unificação legislativa centro-americana."

Exemplo n.º 3

a) Problema: "Quais são os ramos de Direito mais propensos à aproximação e codificação legislativa sul-americana?";

b) Objeto: "Direitos nacionais dos países sul-americanos";

c) Campo de ação: "Normas jurídicas de cada Direito nacional sul-americano";

d) Objetivo: "Avaliar as condições e probabilidades da aproximação dos direitos nacionais de cada país sul-americano e determinar os ramos mais propensos à codificação legislativa."

Exemplo n.º 4

a) Problema: "Correspondência e analogia existentes entre as normas jurídicas penais dos diferentes direitos nacionais latino-americanos";

b) Objeto: "Legislações penais dos países da América Latina";

c) Campo de ação: "Normas jurídicas de cada legislação penal latino-americana";

d) Objetivos: "Determinar o grau de correspondência e analogia existentes entre as normas jurídicas penais dos diferentes direitos nacionais latino-americanos."

Até aqui analisamos a formulação do problema científico e sua relação com o objeto, campo de ação e objetivos da pesquisa comparativa. A seguir propomos a análise da relação existente entre outros importantes conceitos metodológicos, a saber: hipóteses, variáveis e conceitos.

3.2.5. Hipóteses

Uma hipótese é uma resposta tentativa que o pesquisador propõe para a solução do problema científico.

De acordo com William J Goode & Paul K. Hatt,[88] a hipótese é o elo necessário entre a teoria e a pesquisa, que leva ao descobrimento de novas contribuições para o saber. Durante o processo de pesquisa, afirma Giorgi,[89] poderão se provar ou rejeitar as hipóteses.

Particularmente, as hipóteses, no contexto da comparação de direitos, constituem um dos elementos fundamentais da pesquisa, pois orientam todo o trabalho de busca e inquirição da realidade jurídica, e sua formulação necessariamente parte da análise do problema, sendo ela o resultado de todo um trabalho (estudo) exploratório das fontes anteriormente comentadas.

Estruturalmente as hipóteses estão compostas por: *a)* unidade de observação, isto é, conjunto de objetos: sistemas de direito nacionais (países), legislações, instituições, normas jurídicas (teorias: conceitos, opiniões, classificações, terminologias, interpretações, correlações e generalizações científico-jurídicas), sobre os quais versa a pesquisa, *b)* variáveis que, como explicamos neste próprio capítulo, são elementos, questões ou aspectos concretos que apresentam características quantitativas ou qualitativas, analisadas nas unidades de observação, *c)* termos lógicos, com os quais as unidades de observação relacionam-se com as

---

[88] GOODE William J & Paul K. Hatt. *Métodos de investigación social.* La Habana: Ciencias Sociales, 1971, p. 76.

[89] IVANOVICH Rusavin, Giorgi. *Op. cit.*, p. 46.

variáveis, ou estas últimas entre si.

Uma hipótese bem formulada é aquela elaborada com clareza e de fácil compreensão e comprovação. Uma hipótese mal formulada é aquela onde se utilizam termos obscuros e ambíguos. Entenda-se, portanto, que as hipóteses devem ser conceitualmente claras, com referências empíricas, específicas e devem estar relacionadas com técnicas disponíveis e com um corpo de teorias.[90]

3.2.6. Variáveis

As variáveis são propriedades que podem assumir valores quantitativos ou qualitativos; valores que, ao serem observados, analisados, avaliados, sintetizados ou confrontados, permitem estabelecer as relações entre as hipóteses e uma realidade dada (realidades sociais–realidades jurídicas).

Para a maioria dos autores a variável pode ser uma classificação ou medida, uma quantidade que varia, um conceito ou conceito operacional que contém ou apresenta valores (propriedades) discerníveis em um objeto de estudo e passíveis de mensuração.[91]

Geralmente, as variáveis são construídas usando termos que podem ser medidos, examinados, avaliados e comparados com outras variáveis, termos ou objetos, isto é, valores numéricos ou categorias, como por exemplo: eficácia, funcionalidade (operacionalidade), efetividade, anos de trabalho, capacidade jurídica, idade, estado civil, sexo, classe social, estatura, grau de aproximação, semelhanças e diferenças. A partir da propriedade mensurável, examinável, comparável e quantificável da variável é que podemos escolher os procedimentos, técnicas e instrumentos para a coleta e relação dos dados e informações, a fim de alcançar os objetivos propostos com a pesquisa, comprovando-se ou rejeitando-se as hipóteses formuladas.

Especificamente, nas pesquisas jurídicas comparadas, as variáveis reúnem qualidades, isto é, características que podem ser observadas, analisadas, sintetizadas e confrontadas, permitindo, portanto, a comparação jurídica das ordens, institutos, teorias e doutrinas jurídicas. Assim sendo, na comparação jurídica, as variáveis geralmente estão representadas por conceitos, características, classificações, magnitude e terminologias jurídicas localizadas

[90] GOODE William J & Paul K. Hatt. *Op. cit.*, pp. 89-95.
[91] LAKATOS, Eva Maria e Marina de Andrade Marconi. *Metodologia Científica. Op. cit.*, p. 160.

nas hipóteses, a respeito de um objeto, fenômeno, processo, fato, coisa ou situação jurídica.

Até aqui, podemos resumir que a formulação de hipóteses exige a construção das variáveis, que, como verdadeiros componentes das hipóteses, relacionam-se entre si, ou com o objeto da pesquisa, permitindo tal relação analisar e sintetizar as características ou qualidades das coisas, processos, fato ou fenômeno pesquisados.

Como se observará, a construção de variáveis possibilita estabelecer uma relação entre a teoria e a prática. Assim, nas pesquisas jurídicas comparadas, a análise e confrontação dos sistemas, institutos, regras e doutrinas são possíveis se partimos da observação da realidade sócio-jurídica, tomando-a como base para o delineamento teórico-metodológico da pesquisa (construção teórica) e logo retornamos à dita realidade para fazer a análise, sínteses e confrontação, isto é, partindo de uma realidade sócio-jurídica, retornamos a ela por meio da teoria, assim como mostramos no seguinte diagrama:

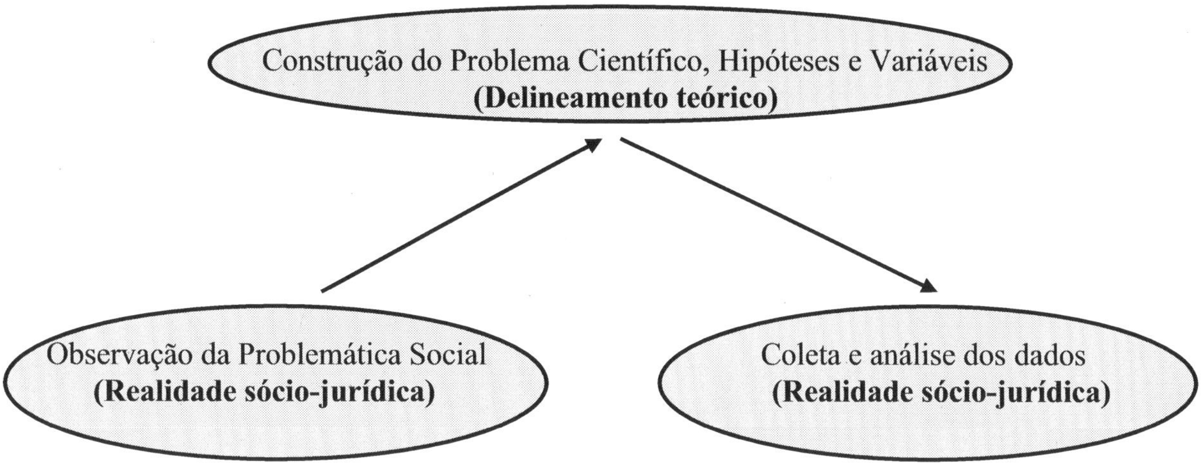

Conforme a formulação das hipóteses, as variáveis poderão ocupar posições distintas, a saber: posição *independente* ou posição *dependente*.

As variáveis *independentes* existem de forma natural, sem depender de outras, exemplo:

Hipótese: "(A) e (B) são os institutos jurídicos mais propensos à unificação legislativa (...)". [variáveis independentes: (A) e (B)]

Considere-se neste caso como *problema científico* o seguinte: "Quais institutos jurídicos são mais propensos à unificação legislativa (...)?", como *objeto* "processo de unificação legislativa (...)", como c*ampo de ação*: "institutos jurídicos (...)" e como *objetivo*: "avaliar as condições que propiciam o processo de unificação legislativa (...)".

Já as variáveis dependentes são consequências das variáveis independentes, fenômenos ou situações; exemplo:

Hipótese: "As diferenças existentes entre as normas constitucionais dos países (...) influem negativamente sobre a eficiência do processo de aproximação legislativa (...)". [variável independente: "diferenças normativas", variável dependente: "eficiência"]

Considere-se neste caso como *problema científico* o seguinte: "Quais circunstâncias influem no processo de aproximação legislativa (...)?", como *objeto*: "processo de aproximação legislativa", como *campo de ação*: "as normas jurídicas constitucionais vigentes nos países (...)" e como *objetivo*: "avaliar as circunstâncias que influem no processo de aproximação legislativa (...)".

Poder-se-ia dizer, portanto, que muitas vezes a comprovação da existência de uma relação de dependência entre variáveis é um objetivo da pesquisa. Vejam-se os seguintes exemplos:

a) "A codificação das normas (...) [efeito: variável dependente] é consequência da viabilidade do processo de unificação do Direito (...) [causa: variável independente]."

b) "As semelhanças existentes entre as normas constitucionais dos países latino-americanos [causa: variável independente] são circunstância indispensável para a eficácia do processo de aproximação legislativa [efeito: variável dependente]."

c) "A efetivação (realização) do processo de unificação do direito latino-americano [efeito: variável dependente] depende do grau de organização legislativa (...) [causa: variável independente]."

d) "A analogia existente entre as normas jurídicas civis dos diferentes direitos nacionais [causa: variável independente] influi decisivamente na efetividade do processo de integração legislativa latino-americano [efeito: variável dependente]."

Vejam-se, a seguir, diferentes exemplos nos quais fazemos evidente a relação entre: problemas, hipóteses, objeto e variáveis.

Exemplo n.º 1

(a) Problema: "Qual instituição do Direito Civil português exerceu maior influência durante a conformação do Direito Civil brasileiro?"; *(b) hipóteses:* "(X) foi, entre as instituições do Direito Civil português, a que maior influência exerceu durante todo o processo de conformação do Direito Civil brasileiro"; *(c) objeto de pesquisa:* "processo de conformação do Direito Civil brasileiro" ; *(d) variável:* "instituições do Direito Civil

português" – "instituição (X)."

Exemplo n.º 2

(a) Problema: "Qual é a instituição jurídica civil mais tendente à unificação legislativa (...)?"; *(b) hipóteses:* "A instituição (Y) é, de todas instituições civis, a mais tendente à unificação legislativa" (...); *(c) objeto de estudo:* "processo de unificação legislativa (...)"; *(d) variável:* "instituições civis" – "instituição (Y)."

Exemplo n.º 3

(a) Problema: "Institutos civis mais propensos à codificação (...)"; *(b) hipóteses:* "(X) e (Y) são os institutos mais propensos à codificação (...)"; *(c) objeto de pesquisa:* "processo de codificação (...)"; *(d) variáveis:* "instituto (X) – "instituto (Y)."

Exemplo n.º 4

(a) Problema: "As condições das quais depende a eficácia do processo de unificação do direito latino-americano"; *(b) hipóteses:* "A eficácia do processo de unificação do direito latino-americano depende da harmonização normativa (...)"; *(c) objeto de pesquisa:* "processo de unificação do direito latino-americano"; *(d) variáveis:* "eficácia" – "harmonização normativa".

Exemplo n.º 5

(a) Problema: "As circunstâncias indispensáveis para aproximação legislativa (...)"; *(b) hipóteses:* "A semelhança existente entre as normas constitucionais dos países latino-americanos é circunstância indispensável para efetividade do processo aproximação legislativa" (...); *(c) objeto de pesquisa:* "processo de aproximação legislativa (...)"; *(d) variáveis:* "semelhanças" – "efetividade."

Exemplo n.º 6

(a) Problema: "Condições que exercem maior influência no processo de integração legislativa latino-americano"; *(b) hipóteses:* "A analogia existente entre as normas jurídicas civis dos diferentes direitos nacionais influi positivamente no processo de integração legislativa latino-americano"; *(c) objeto de pesquisa:* "processo de integração legislativa

latino-americana"; *(d) variáveis:* "analogia" – "normas jurídicas civis".

3.2.7. Os conceitos e as definições na comparação de direitos

O Direito tem como função ordenar e proteger o mundo das relações sociais e econômicas, por meio de normas jurídicas referidas ao direito substantivo: garantias, proibições, direitos, deveres, consequências e ao direito adjetivo: normas processuais (procedimentos), através das quais resolvem-se os conflitos surgidos de tais relações.

A orientação da pesquisa científica é realista, no sentido do método de indagação das realidades, método que distingue o real, o conceito e a palavra: considera a última por simples instrumento pelo qual se exteriorizam e comunicam os conceitos e afasta qualquer dogma ou noção filosófica que identifique o conceito e as coisas.

Trata-se, pois, de investigação objetiva, que igualmente se impõe ao legislador, ao intérprete e ao juiz, à legislação, à doutrina e à jurisprudência. Em qualquer desses casos as palavras só imperfeitamente exprimem os conceitos: donde a identidade de condições para qualquer daquelas atividades (legislativa, exegética e de aplicação). Em qualquer caso, o conceito só imperfeitamente apreende as realidades, donde a identidade de condição entre o legislador, o intérprete e o juiz, que têm, pára lhes medir a exatidão, o mesmo critério de ciência. As categorias, classificações, etc., com que trabalha o jurista, são expedientes técnicos com que procura conhecer as relações jurídicas.[92]

Na sistematização e construção do Direito são de grande valia a formulação de regras, e conceitos jurídicos representativos dos fatos (involuntários), dos atos (voluntários) e das relações jurídicas que estabelecem os homens com o objetivo de satisfazer suas necessidades, tanto materiais como espirituais. Destarte, nas pesquisas jurídicas em geral e comparadas em particular, tais conceitos, definições e regras constituem um instrumento fundamental da ciência, pois por meio dele:

A– Definem-se e classificam-se legalmente os bens, serviços, atos e relações jurídicas. Vejam-se os seguintes exemplos:

a1) Exemplo da definição e classificação legal de bens e serviços.

---

[92] MIRANDA, Pontes de. *Sistema de Ciência Positiva do Direito. Op. cit.*, p. 32.

- Artigo 85 do Código Civil brasileiro: "*São fungíveis os móveis que podem substituir-se por outros da mesma espécie, qualidade e quantidade.*"

- Artigo 86 do Código Civil brasileiro: "*São consumíveis os bens móveis cujo uso importa destruição imediata da própria substância, sendo também considerados tais os destinados à alienação.*"

- Artigo 87 do Código Civil brasileiro: "*Bens divisíveis são os que se podem fracionar sem alteração na sua substância, diminuição considerável de valor, ou prejuízo do uso a que se destinam.*"

- Artigo 3, §§ 1.º e 2.º do Código de Defesa do Consumidor brasileiro (Lei n.º 8.078, de 11 de setembro de 1990):

"*§ 1.º Produto é qualquer bem, móvel ou imóvel, material ou imaterial.*

§ 2.º Serviço é qualquer atividade fornecida no mercado de consumo, mediante remuneração, inclusive as de natureza bancária, financeira, de crédito e securitária, salvo as decorrentes das relações de caráter trabalhista."

a2) Exemplo da definição legal da compra e venda.

- Artigo 481 do Código Civil brasileiro: "*Pelo contrato de compra e venda, um dos contraentes se obriga a transferir o domínio de certa coisa, e o outro, a pagar-lhe certo preço em dinheiro.*"

- Artigo 482 do Código Civil brasileiro: "*A compra e venda, quando pura, considerar-se-á obrigatória e perfeita, desde que as partes acordarem no objeto e no preço.*"

B– Regulamentam-se legalmente a validade e nulidade dos atos e relações jurídicas. Exemplos:

- Artigo 489 do Código Civil brasileiro: "*Nulo é o contrato de compra e venda, quando se deixa ao arbítrio exclusivo de uma das partes a fixação do preço.*"

- Artigo 107 do Código Civil brasileiro: "*A validade da declaração de vontade não dependerá de forma especial, senão quando a lei expressamente a exigir (art. 104).*"

C– Estabelece-se um sistema de definições legais sobre determinado assunto ou titularidade. Exemplos:

- Artigo 70 do Código Civil brasileiro: "*O domicílio da pessoa natural é o lugar onde ela estabelece a sua residência com ânimo definitivo.*"

- Artigo 2.º do Código de Defesa do Consumidor brasileiro (Lei n.º 8.078, de 11 de setembro de 1990): "*Consumidor é toda pessoa física ou jurídica que adquire ou utiliza produto ou serviço como destinatário final.*

Parágrafo único. Equipara-se a consumidor a coletividade de pessoas, ainda que indetermináveis, que haja intervindo nas relações de consumo".

- Artigo 3.º do Código de Defesa do Consumidor brasileiro: "*Fornecedor é toda pessoa física ou jurídica, pública ou privada, nacional ou estrangeira, bem como os entes despersonalizados, que desenvolvem atividades de produção, montagem, criação, construção, transformação, importação, exportação, distribuição ou comercialização de produtos ou prestação de serviços.*"

D– Regulamentam-se legalmente a aquisição e a perda de direitos, em relação à ocorrência de determinados fatos. Vejam-se os seguintes exemplos:

d1) Exemplo da regulamentação legal da aquisição de direitos.

- Artigo 1.º do Código Civil brasileiro: "*Toda pessoa é capaz de direitos e deveres na ordem civil.*"

- Artigo 1.248 do Código Civil brasileiro: "*A acessão pode dar-se:*

I – por formação de ilhas;

II – por aluvião;

III – por avulsão;

IV – por abandono de álveo;

V – por plantações ou construções."

- Artigo 1.222 do Código Civil brasileiro: "*O reivindicante, obrigado a indenizar as benfeitorias ao possuidor de má-fé, tem o direito de optar entre o seu valor atual e o seu custo; ao possuidor de boa-fé indenizará pelo valor atual.*"

d2) Exemplo da regulamentação legal da perda de direitos.

- Artigo 1.223 do Código Civil brasileiro: "*Perde-se a posse quando cessa, embora contra a vontade do possuidor, o poder sobre o bem, ao qual se refere o art. 1.196.*"

E– Reconhecem-se legalmente os deveres, garantias, obrigações, proibições e consequências jurídicas. Vejam-se os seguintes exemplos:

e1) Exemplo do reconhecimento legal dos deveres.

- Artigo 1.º da Lei da Defesa do Consumidor portuguesa (Lei n.º 24 de 31 de julho de 1996, que estabelece o regime legal aplicável à defesa dos consumidores e revoga a Lei n.º 29 de 22 de agosto /81). "*Dever geral de proteção:*

1– Incumbe ao Estado, às Regiões Autônomas e às autarquias locais proteger o consumidor, designadamente através do apoio à constituição e funcionamento das associações de consumidores e de cooperativas de consumo, bem como à execução do disposto na presente lei."

e2) Exemplo do reconhecimento legal das garantias.

- Art. 409 do Código Civil brasileiro: "*A cláusula penal estipulada conjuntamente com a obrigação, ou em ato posterior, pode referir-se à inexecução completa da obrigação, à de alguma cláusula especial ou simplesmente à mora.*"

e3) Obrigações

- Artigo 515 do Código Civil brasileiro: "*Aquele que exerce a preferência está, sob pena de a perder, obrigado a pagar, em condições iguais, o preço encontrado, ou o ajustado.*"

e4) Exemplo do reconhecimento legal das proibições.

- Art. 252 do Código Civil brasileiro: "*Nas obrigações alternativas, a escolha cabe ao devedor, se outra coisa não se estipulou.*

§ 1.º Não pode o devedor obrigar o credor a receber parte em uma prestação e parte em outra.

e5) Exemplo do reconhecimento legal das consequências jurídicas.

- Artigo 1.220 do Novo Código Civil brasileiro: "*Ao possuidor de má-fé serão ressarcidas somente as benfeitorias necessárias; não lhe assiste o direito de retenção pela importância destas, nem o de levantar as voluptuárias.*"

- Artigo 250 do Novo Código Civil brasileiro: "*Extingue-se a obrigação de não fazer, desde que, sem culpa do devedor, se lhe torne impossível abster-se do fato, que se obrigou a não praticar.*"

- Artigo 439 do Novo Código Civil brasileiro: "*Aquele que tiver prometido fato de terceiro responderá por perdas e danos, quando este o não executar.*"

- Artigo 399 do Novo Código Civil brasileiro: "*O devedor em mora responde pela impossibilidade da prestação, embora essa impossibilidade resulte de caso fortuito ou de força maior, se estes ocorrerem durante o atraso; salvo se provar isenção de culpa, ou que o dano sobreviria ainda quando a obrigação fosse oportunamente desempenhada (art. 393).*"

F– Formulam-se e reformulam-se teorias e generalizações científicas (conceitos e definições terminológicas, classificações, interpretações, comparações etc.), como bem poder-se-ia conferir nas importantes obras de autores pátrios, tais como: Maria Helena Diniz, Celso Antonio Pacheco Fiorillo, Washington de Barros Monteiro, Orlando Gomes, Silvio Rodrigues, Arnoldo Wald, Luiz Antonio Rizzato Nunes, Miguel Reale e outros, e ainda, nas obras de importantes doutrinadores de outros países, tais como: José Castán Tobeñas, Luis Díez Picazo (da Espanha), Rojina Villega, Alejandro del Palacio Díaz e Victor Hugo Lares Romero (do México), Magaly Carnevali de Camacho (da Venezuela), Ludwig Enneccerus (da Alemanha), Roberto de Ruggiero e Norberto Bobbio (da Itália), Antonio Díaz Pairo, Tirso Clemente Díaz, Daniel Peral Collado e Fernando Diego Cañizares (de Cuba), entre outros.

G– Prevê-se a solução dos conflitos através de procedimentos, jurisprudência, hipóteses ou supostos normativos e diretrizes. Exemplos: ver normas do Código de Processo Civil (Lei n.º 5.869, de 11 de janeiro de 1973) e do Código de Processo Penal (Decreto-lei n.º 3.689, de 3 de outubro de 1941).

3.2.7.1. Conceitos

Até aqui ficou claro que os conceitos são elementos básicos da ciência do Direito. Em princípio, toda teoria jurídica está organizada por meio de uma estrutura de conceitos que guarda relação com os processos e objetos principais que se estudam. São as relações entre esses conceitos o que aparece afirmado nos fatos da ciência. Estes termos constituem o vocabulário especializado que o homem de ciência emprega. Os mesmos mudam na medida que a ciência vai se desenvolvendo, posto que há fenômenos diferentes que passam a ter importância capital. Uma tarefa fundamental de qualquer ciência é a de estabelecer sistemas de classificações, uma estrutura de conceitos e um conjunto preciso, sempre crescente, de definições correspondentes a tais termos.[93]

Toda ciência tem como tarefa fundamental estabelecer relações entre fatos e fenômenos, através de conceitos, classificações, terminologias e definições. Assim, ao se definir um termo, antes e durante a pesquisa damos um passo importante para a configuração teórica da ciência. Segundo Eva Maria Lakatos e Marina de Andrade Marconi,[94] a ciência trabalha com "representações" dos fatos, utilizando conceitos e formando um conjunto integrado dos mesmos (sistema conceptual), fazendo referência à realidade com finalidades analíticas. Nesses casos consideram-se os conceitos como construções lógicas, estabelecidas de acordo com um sistema de referência. Os conceitos são considerados ou como instrumentos de trabalho do cientista ou como termos técnicos do vocabulário da ciência. Em outras palavras, a imagem que se tem do fato ou fenômeno, captada pela percepção, necessita ser conceitualizada, pois mediante um dispositivo conceitual é que se pode tornar inteligíveis os acontecimentos ou experiências que se dão no mundo real.

Em geral, entre os doutrinadores e pesquisadores existe um consenso acerca da função da conceituação como ato de refletir, através de conceitos precisos, aquilo que ocorre no mundo dos fenômenos existenciais; a conceituação consiste em ajustar o termo mais adequado, capaz de exprimir, através do seu significado, o que realmente se oferece na realidade, e não que a realidade existencial tenha de se ajustar ao conceito.[95]

Cada ciência abstrai da realidade e examina certos aspectos dos fenômenos, tais como: massa, velocidade, valência, intensidade de atitude etc. e não a totalidade dos fenômenos. Na verdade, separar qualquer fenômeno de todo aquele com que está relacionado constitui um fato de abstração. Assim sendo, em cada ciência intenta-se pesquisar determinados setores ou aspectos da realidade, valendo-se para interpretá-lo de um sistema abstrato de pensamento. Cada uma das ciências põe em uso termos ou conceitos próprios. Assim, podemos nos referir

---

[93] GOODE, William J. & Paul K. Hatt. *Métodos de investigación social. Op. cit.*, pp. 18-19.
[94] LAKATOS, Eva Maria e Marina de Andrade Marconi. *Metodologia Científica. Op. cit.*, p. 102-103.
[95] TRUJILLO Ferrari, Alfonso. Metodologia da ciência. 2. Ed. Rio de Janeiro: Kennedy, 1974, p 98, *apud*, Lakatos, Eva Maria e Marina de Andrade Marconi. *Metodologia Científica*. 2. ed. São Paulo: Atlas, 1995, p. 103.

ao sistema teórico de qualquer ciência denominando-o sistema de conceitos ou conceptual. Empregamos tais termos para que nos representem os fenômenos ou aspectos dos mesmos, que estamos pesquisando. Por conseguinte, quando formulamos uma proposição, utilizamos os conceitos como símbolos dos fenômenos que estamos estudando e, na realidade, são esses fenômenos fundamentais os que estamos relacionando entre si. Não obstante, por estarmos tratando diretamente só com os conceitos, é evidente que às vezes podemos confundir o conceito com o fenômeno do qual supõe-se ser símbolo.[96]

Para Alfonso Trujillo[97] os conceitos são construções lógicas que se estabelecem de acordo com um sistema de referência e fazem parte dele. Os conceitos são a unidade de pensamento; por isso, a teoria dos conceitos deveria ser o equivalente fisiológico da teoria atômica. Os conceitos, à semelhança dos átomos materiais, não são dados da experiência, mas é necessário procurá-los através da análise. Os conceitos são estabelecidos para representar uma determinada espécie de fenômeno ou um setor do fenômeno. Por isso, os conceitos são considerados como os instrumentos de trabalho do cientista, ou ainda como os termos técnicos do vocabulário da ciência. Quando se enunciam os conceitos: "instituição", "diferenciação", "papel", "estrutura", "magnitude", "função", "casta", "poder", "sagrado", "biologia", "força", "eletrodo", "comunidade", "grupo" etc., está-se referindo a uma determinada espécie de fenômeno. Em outros termos, significa que a imagem que se tem do fato ou fenômeno que foi captado por percepção necessita ser objeto de conceituação.

No âmbito jurídico, pelo fato de também existir uma realidade existencial, por uma necessidade científico-metodológica, formulam-se definições e conceitos legais e teóricos-doutrinários, com o objetivo de precisar o significado das categorias com as quais se trabalha e que formam o embasamento teórico das pesquisas jurídicas. Aqui, têm caráter essencial, já explicamos, o conjunto de princípios e opiniões de autores, a formulação de classificações e interpretações jurídicas sobre um determinado assunto dentro da ciência do Direito e dos conceitos metodológicos.

Especificamente, nas pesquisas jurídicas comparadas, os conceitos e as definições são de extrema necessidade, pois servem de base teórica para se poder analisar e confrontar a realidade sócio-jurídica (sistemas, institutos e teorias), constatar a possibilidade de

---

[96] GOODE, William J. & Paul K. Hatt. *Métodos de investigación social. Op. cit.*, p. 57.

[97] TRUJILLO Ferrari, Alfonso. *Metodologia da pesquisa científica.* São Paulo: McGraw-Hill do Brasil, 1982, p. 92.

aproximação e unificação legislativa.

3.2.7.2. Limitações na formulação de conceitos

Existem certas limitações na formulação lógica dos conceitos, com as quais devemos tomar extremo cuidado. É bom destacar que os conceitos nem sempre resultam claros, isto é, nem sempre estão corretamente expostos. Estes surgem de uma experiência compartida. De fato, o estabelecimento de um sistema de conceitos pode ser considerado similar à formação de uma linguagem nova. Porém, um termo pode se referir a fenômenos diferentes,[98] um mesmo termo pode significar várias coisas. Por exemplo, o simples termo "Direito", poderá significar "norma", "faculdade", "ciência" ou "garantia"; por sua vez, o termo "contrato" muitas vezes é usado para se referir a "acordo", "ato", "pacto" ou "documento".

Por outro lado, termos e conceitos distintos podem se referir a um mesmo assunto. Por exemplo, internacionalmente os conceitos "instituto jurídico" e "instituição jurídica", por um lado, e "sistemas", "ordem" ou "ordenamento", por outro, são muitas vezes utilizados como sinônimos. Igualmente, por momentos os conceitos "norma jurídica" e "regra jurídica" são usados indistintamente para se referir ao mesmo assunto, e ainda o conceito de "ramo de direito" é utilizado para significar as "famílias dos direitos". Para ser mais específico, note-se que no presente estudo intencionalmente usamos a expressão "estudo comparado" para nos referirmos à "pesquisa comparada", à "comparação jurídica" ou à "comparação de direitos".

"Os conceitos, como símbolos de comunicação científica", segundo Alfonso Ferrari Trujillo, "frequentemente podem ser objeto de inconsistências. O que decorre, muitas vezes, do desconhecimento de 'todos' os componentes, elementos ou dimensões do conceito, e mais obviamente quando se trata da especificação do conceito. A limitação no emprego dos conceitos se agrava quando: 1) é traduzido para outra língua, porque não existem em todas as línguas os mesmos termos para compartilhar as mesmas experiências [...]; 2) um mesmo conceito pode significar coisas diferentes, quando são colocadas em sistemas de referência diversos, como no caso do conceito 'cultura' (totalidade da herança social), que tem nas ciências sociais significado diverso daquele empregado de modo popular e que pode significar 'refinamento artístico ou intelectual', ou ainda pessoa que tem boas maneiras etc.; 3) dentro de uma mesma disciplina o conceito recebe vários significados, isto porque pode referir-se a

---

[98] GOODE, William J. & Paul K. Hatt. *Métodos de investigación social. Op. cit.*, pp. 62-63.

fenômenos diferentes ou a um mesmo fenômeno que no seu desenvolvimento histórico vem incorporando novos significados, como no caso do termo 'sistema'. No campo das ciências sociais, 4) diversos termos podem se referir ao mesmo fenômeno, não obstante não se admitirem sinônimos na ciência; assim, por exemplo, alguns tratadistas utilizam indiferentemente os termos 'uso', 'utilidade', 'propósito', 'motivo', 'intenção', 'finalidade' como sinônimo de 'função'".[99]

Em princípio, o pesquisador pode e deve empregar os termos que ele mesmo é capaz de escolher, seus conceitos podem escolhê-los por razões literárias ou históricas. Um conceito cresce junto com a maior experiência dos homens de ciência a respeito dos fenômenos a que ele se refere, na medida em que estas experiências vão-se multiplicando, o conceito original fica mais abrangente.[100]

3.2.7.2. Definições

Já a definição consiste no uso de palavras que dão a idéia de uma coisa, fatos ou assunto. Como também ensina Alfonso Ferrari Trujillo,[101] as definições são necessárias na ciência porque através delas a realidade existencial adquire uma estrutura abstrata sistemática, podendo-se descrever, explicar, reconstruir, prever, descobrir e ainda, "comparar" novas áreas da realidade. Neste sentido, e seguindo os ensinamentos do citado autor, considera-se existir várias formas de definições, a saber:

1. *Definição descritiva.* Com esta descrevem-se os aspectos de emprego consagrado de um termo. Tais definições podem estar implícitas nas definições nominais e reais, ou então possuir dentro de si tais definições;

2. *Definição estipulativa.* Serve para introduzir uma expressão ao ser empregada em certo sentido específico, num determinado contexto, de uma teoria ou de algo semelhante;

3. *Definição nominal.* Consiste em uma sugestão para se nomear um fenômeno numa forma tal que não tenha implicações de qualquer coisa acerca das proposições científicas

---

[99] TRUJILLO Ferrari, Alfonso. *Metodologia da pesquisa científica. Op. cit.*, p. 96-97.
[100] GOODE, William J. & Paul K. Hatt. *Métodos de investigación social. Op. cit.*, p. 65.
[101] TRUJILLO Ferrari, Alfonso. *Metodologia da pesquisa científica. Op. cit.*, p. 97.

relacionadas a este fenômeno;

4. *Definição real.* Trata dos "atributos essenciais", ou da "natureza essencial" de uma entidade, fato ou fenômeno;

5. *Definição operacional.* Esta definição é concebida como a especificação de um procedimento para determinar o valor numérico de uma dada quantidade de casos particulares. A operacionalidade, em consequência, inicia-se com a fundamentação adequada e clara de indicadores.

Como se observa, "a definição é empregada de diferentes maneiras, ora para focalizar as características essenciais de alguma entidade, ora para representar simbolicamente ou sinteticamente os atributos de algum fato, fenômeno, condição, corpo etc., ora para enunciar ou descrever o que se aceita como significado, ora para atribuir uma estipulação, ora porque através de definições podem-se realizar as operações de fatos e fenômenos que elas simbolizam ou representam. Tais definições em certos casos podem se excluir, ou podem aparecer umas compreendidas dentro de outras".[102]

De acordo com a interpretação e classificação anterior, aos efeitos de nosso estudo é mister colocar os seguintes exemplos:

1. *Definição descritiva.* "Sistema jurídico" tem o mesmo significado que "sistema normativo", "ordem jurídica", "sistema de normas" e que "ordenamento jurídico."

2. *Definição estipulativa.* "Deficiências normativas" deve ter o mesmo significado, isto é, deve entender-se como "a falta de clareza das normas jurídicas."

3. *Definição nominal.* "Comparação normativa" é sinônimo de "confronto normativo."

4. *Definição real.* "Sistema jurídico" pode ser enunciado como o "conjunto de normas jurídicas que constitui um direito nacional", ou como "um conjunto mais ou menos amplo de legislações nacionais, unidas por uma comunidade de origem, de fontes, de concepções

---

[102] *Ibid.*, p. 97.

fundamentais, de métodos e de processos de desenvolvimento.

5. *Definição operacional.* "Funcionalidade normativa" pode ser considerada operacionalmente como "a utilização das normas jurídicas na regulamentação das relações sociais, a partir de sua entrada em vigor", isto é, "refere-se ao número de vezes que as normas são usadas e a frequência com que isto ocorre em relação com outras normas vigentes". Consideram-se aqui os seguintes indicadores: *a)* frequência do uso das normas; *b)* vigência das normas; *c)* correspondência com a situação socioeconômica que regula.

Resumindo: a clareza da definição dos termos e conceitos é condição determinante do êxito da pesquisa. As hipóteses, sendo explicações tentativas das razões pelas quais existe um problema ou situação desconhecida, indicam a direção da pesquisa mostrando as variáveis (qualidades observáveis), que serão posteriormente objeto de estudo: análise e confrontação, através dos procedimentos comparativos adequados.

CAPÍTULO 4

MÉTODOS AUXILIARES DA COMPARAÇÃO JURÍDICA

De acordo com Karl Popper[103] "a tarefa da lógica da pesquisa científica, ou da lógica do conhecimento, é 'proporcionar uma análise lógica desse procedimento'". Assim sendo, durante a solução de problemas científico-jurídicos, o pesquisador estabelece tal lógica pressupondo determinadas teorias, hipóteses e representações, isto é, formula enunciados ou sistemas de enunciados que permitem estruturar o processo de pesquisa.

A pesquisa jurídica comparada é um tipo de pesquisa que se desenvolve a partir da própria lógica do método comparado. Esse tipo de pesquisa precisa da execução de um ou vários procedimentos particulares que são desenvolvidos como o auxílio dos chamados métodos mais gerais ou alternativos da pesquisa científica. No presente capítulo iremos analisar tais métodos auxiliares ou alternativos e demonstrar a utilidade e uso dos mesmos durante todo o processo de comparação jurídica.

4.1. Observações iniciais

A atividade comparativa propicia o fortalecimento das teorias, a partir da análise científica das concepções doutrinárias, históricas e daquelas que têm como fonte o estudo das legislações e conceitos mais modernos relacionados a uma situação-problema que se aborda e se pretende resolver.

A comparação de direitos se desenvolve através de um "processo que vai da pesquisa básica à pesquisa aplicada" (da legislação estrangeira à legislação comparada),[104] permitindo formar importantes conclusões comparativas.

[103] POPPER, Karl. R. *A lógica da pesquisa científica*. Tradução de Leonidas Hegenberg e Octanny Silveira da Mota. São Paulo: CULTRIX, 1972, p. 27.
[104] ANCEL Marc. *Utilidade e métodos do Direito comparado. Op. cit.*, p. 23, 25.

Pela via da análise do pensamento jurídico podem mostrar-se novas aberturas que permitem conhecer outras regras e sistemas diferentes.[105] De acordo com este ponto de vista, através da comparação de direitos observamos um conjunto de proposições jurídicas nas legislações comparáveis procurando: as afinidades, analogias, parecenças e diferenças (desigualdades, divergências, desacordos, discordância, dissensão ou controvérsias) existentes entre ordens, institutos, teorias e doutrinas jurídicas, tendo como finalidade principal o enriquecimento legislativo, por meio de empréstimos recíprocos sem comprometer a estrutura dos sistemas.

Entendemos, portanto, que a pesquisa comparada constitui um processo particular de inquirição destinado à aproximação das legislações contemporâneas. A pesquisa comparada, como explicado, precisa ser planejada e projetada, tendo como base o seu delineamento teórico-metodológico, isto é, observando os seus conceitos básicos, a saber: problema científico, hipóteses, variáveis, conceitos e definições. Numa fase posterior, ora explicada no presente capítulo, e, de acordo com o referido delineamento, escolhemos os métodos que poderiam nos auxiliar durante a execução da pesquisa.

4.2. Métodos alternativos e auxiliares

Na análise e confrontação do "conteúdo" e da "forma" do direito nacional, em face do estrangeiro, é legítimo auxiliarmos dos chamados métodos mais gerais das ciências, a saber: *a)* "observação", *b)* "análise", *c)* "sínteses", *d)* "indução" e, *e)* "dedução". Em nosso estudo, tais métodos são denominados alternativos, já que eles se sucedem com certa continuidade, podendo ser usados no processo de inquirição jurídica. Na verdade, a observação, análise, sínteses, indução e dedução são métodos complementares dos métodos de pesquisa jurídica, tendo cada um deles um maior ou menor uso ou utilidade, de acordo com os objetivos, procedimentos, tarefas e ações a serem executadas pelo pesquisador.

a) Observação

Toda ciência começa com a observação e, finalmente, tem de voltar a ela para

[105] JIMÉNEZ Serrano, Pablo. *Interpretação Jurídica.* O método lógico de interpretação do Direito e suas normas. São Paulo: Desafio Cultural, 2002, p. 75.

encontrar sua convalidação final.[106] Este método, às vezes considerado técnica, se refere à ação de forma simples ou sistemática, que o pesquisador realiza durante a análise de um conjunto de dados ou simplesmente um fenômeno.

A observação, ensina Pontes de Miranda, é a grande mestra da ciência; o trabalho da lógica vem depois, porquanto pressupõe fatos percebidos. Assim, a observação é o método fundamental. Não é possível o excesso dele; nunca é demais o observar. Quanto mais se observa mais se sabe.[107]

Observar como atividade ou método de pesquisa jurídica pode significar a tentativa de procurar conhecer a disposição de um ou vários ordenamentos jurídicos com relação ao comportamento social, isto é, tomar vivências de como estão organizadas e distribuídas as normas jurídicas em correspondência com as relações sociais e econômicas de cada sistema ou país.

A observação pode ser direta (dos fatos e relações) ou indireta quando o pesquisador se mistura com o trabalho teórico-prático dos operadores do Direito, de forma a se familiarizar com a literatura: pesquisas, legislações, obras, tratados, compêndios mais atualizados sobre o assunto pesquisado, autos ou sentenças.

Observado o fato, cumpre descrevê-lo. Ao entendimento vulgar, que não pesa as dificuldades do esforço científico, criteriosamente empregado, nada mais fácil do que a descrição. No entanto, exige mais diligência pessoal do que se crê a simples exposição dos fatos: os resultados da observação imediata não evidenciam se certo elemento depende de outros, nem qual a relação funcional deles; é ao sábio que cabe a decisão e assim, pela simples descrição, não se pode caracterizar a missão do pesquisador. A observação serve para conhecimento das relações de que se induzem as normas e para o dos fatos, a que se devem aplicar as regras. O conhecimento dos fatos é de grande importância; e é por ele que se restitui à realidade o princípio jurídico, que dela se tirou como realizado ou reclamado por ela. Somente os fatos presentes e atuais são observáveis; os passados somente indiretamente podem ser conhecidos (testemunho, raciocínio).[108]

Em nossa opinião, a observação, seja participante ou não-participante, nos permite lidar direta ou indiretamente não somente com normas e fatos, mas também com a abordagem

---

[106] GOODE, William J. & Paul K. Hatt. *Métodos de investigación social. Op. cit.*, p. 148.
[107] MIRANDA, Pontes de. *Sistema de Ciência Positiva do Direito. Op. cit.*, p. 98.
[108] MACH Ernst. *Erkenntnis und Irrtum*, Leipzig, 1920, p 316, *apud*, MIRANDA, Pontes de. *Sistema de Ciência Positiva do Direito*. 2. ed. Rio de Janeiro: Borsoi, t. IV, 1972, p. 99, 102.

documental, isto é, a revisão rigorosa das legislações, literatura (bibliografia), fatos e relações jurídicas. A operação de observar permite captar e avaliar a existência, importância e posicionamento das ordens, institutos, regras e teorias jurídicas. Assim, observamos para examinar e registrar o contexto histórico-jurídico de cada ordem para logo analisar e comparar seus institutos e doutrinas sobre um assunto concreto.

É importante consultar e envolver pesquisadores dos países cuja legislação será objeto da pesquisa. Assim sendo, o pesquisador (observador) converte-se em entrevistador, para o que utilizará (se auxiliará) os correspondentes instrumentos (técnicas), tais como: formulários, questionários etc.

b) Análises

A análise, no critério de Antonio Henriques e João Bosco Medeiros, é o "método geral de que se utilizam todas as ciências. Entre as características de uma pessoa com senso analítico, ressaltam-se: o interesse pela minúcia, pela exatidão, como a semelhança ou analogias, com a diferença entre objetos e seres".[109]

A explicação implica a análise. Explicar é analisar um todo em parte ou uma complexidade em elementos que são mais simples, ou cujas relações são mais simples. Não podemos sondar o todo, que é o indistinto, o que se nos depara, se não o reduzirmos, sucessivamente, a elementos cada vez mais simples, desde que objetivamente sejam separáveis ou correspondam a variações objetivas as distinções feitas pelo pensamento.[110]

Diz-se que o estudioso das distintas ordens ou fenômenos jurídicos distingue a função (o significado, a finalidade) de um instituto, regra, terminologia ou conceito. Assim sendo, a análise consiste na decomposição, exame ou estudo dos elementos para determinar a natureza, forma e aspectos essenciais do Direito.

Antes de analisar precisa-se observar. Na verdade, a análise e a observação são processos simultâneos e sucessivos que guardam relação de causa e efeito. Analisam-se, visando a comparação, a literatura (obras clássicas, jurisprudência, dicionários, teses e pesquisas anteriores), legislações (leis, compêndios legislativos, decretos, regulamentos, resoluções, portarias etc.) e fatos observados.

O método de análise está presente no processo de estudo e confrontação dos textos

---

[109] HENRIQUES Antonio e João Bosco Medeiros. *Monografia no curso de Direito*. 2. ed. São Paulo: Atlas, 1999, p. 28.
[110] MIRANDA, Pontes de. *Sistema de Ciência Positiva do Direito*. *Op. cit.*, p. 36.

(abordagem teórica e exegética das regras jurídicas contidas nas diferentes legislações), das teorias (opiniões, conceitos, classificações etc.) próprios de cada sistema jurídico.

Analisar um documento (lei ou texto jurídico) significa examinar a semântica, palavras, estilo, revelando as interpolações, lacunas e demais deficiências neles existentes. Durante a pesquisa bibliográfica, por exemplo, analisamos os textos para separar e registrar, através de fichas bibliográficas, o conteúdo mais importante e útil para as nossa pesquisa. Tal operação nos permitirá trabalhar as citações diretas ou indiretamente e desenvolver generalizações teóricas: críticas e comparações das opiniões e do conteúdo legislativo, avaliação e verificação de hipóteses etc. Tudo isto compreende um conjunto de operações mentais dirigidas a interpretar as informações contidas no documento, buscando saber:

1. o que representa (seu tipo e forma);
2. seu contexto;
3. dados do autor ou autores;
4. objetivos de sua criação;
5. confiabilidade;
6. importância social, econômica, política etc.;
7. conteúdo valorativo;
8. conclusões sobre os fatos nele contidos.

Resumindo: ao analisar, devemos levar em consideração a terminologia especial da ciência, para poder caracterizar e classificar o texto, normas, teorias e fatos, revelar as causas ou necessidades que originaram a criação das leis e determinar a repercussão social das mesmas.

c) Síntese

Não sendo suficiente a análise, será necessário nos servirmos da síntese para aproximarmos da verdade dos fatos ou fenômenos. Tal método, essencialmente, consiste na reconstituição do todo que já foi dividido pela análise.

A análise e a síntese, no critério de Eva Maria Lakatos e Marina de Andrade Marconi, "podem operar sobre fatos, coisas ou seres concretos, sejam materiais ou espirituais, no âmbito das ciências factuais, ou sobre idéias mais ou menos abstratas ou gerais, como nas ciências formais ou na filosofia".[111]

A análise e a síntese acabam sendo as duas faces do mesmo interesse científico pela verdade. Esses processos (análise e síntese) são inversos, mas complementares, e são a base de todos os métodos científicos.[112] Veja-se o seguinte exemplo.

- *Observação*, *análise* e *síntese* do texto do artigo 3º, § 2º do Código de Defesa do Consumidor Brasileiro:

a) *Observação*: "*Serviço é qualquer atividade fornecida no mercado de consumo, mediante remuneração, inclusive as de natureza bancária, financeira, de crédito e securitária, salvo as decorrentes das relações de caráter trabalhista.*"

b) *Análise*: "Serviço" = "atividade remunerada."

c) *Síntese*: Toda atividade remunerada e fornecida no mercado de consumo é e será sempre um serviço.

Em suma, como se estudará mais adiante, nas pesquisas comparadas a análise e a síntese permitem formular conclusões ou resumos comparativos, tanto quantitativos como qualitativos.

d) Indução

A indução, segundo Silvio Luiz de Oliveira,[113] é o método científico por excelência, é o método fundamental das ciências naturais e sociais que possibilita o desenvolvimento de enunciados gerais sobre as observações acumuladas de casos específicos ou proposições que possam ter validades universais. O ponto de partida da indução não são os princípios, como na dedução, mas a observação dos fatos e dos fenômenos, da realidade objetiva. Seu ponto de chegada é o estabelecimento de leis ou regularidades que regem os fatos ou fenômenos.

Diversos autores vêem a indução como "um processo mental por intermédio do qual, partindo de dados particulares, suficientemente constatados, infere-se uma verdade geral ou universal, não contida nas partes examinadas. Portanto, o objetivo dos argumentos é levar conclusões cujo conteúdo é muito mais amplo do que o das premissas nas quais se basearam".[114]

---

[111] LAKATOS, Eva Maria & Marina de Andrade Marconi. *Metodologia Científica*. *Op. cit.*, p. 45.

[112] HENRIQUES Antonio e João Bosco Medeiros. *Monografia no curso de Direito*. *Op. cit.*, p. 28-29.

[113] OLIVEIRA, Silvio Luiz de. *Tratado de Metodologia Científica*. Projetos de Pesquisas, TGI, TCC, Monografias, Dissertações e Teses. *Op. cit.*, p. 60-61.

Para Karl Popper, é comum dizer-se "indutiva" uma inferência, caso ela conduza de *enunciados singulares* (por vezes denominados também enunciados "particulares"), tais descrições dos resultados de observações ou experimentos, para *enunciados universais*, tais como hipóteses ou teorias. O problema da indução, afirma o citado autor, pode ser apresentado como indagação acerca da validade ou verdade de enunciados universais que encontrem base na experiência. Assim sendo, o princípio de indução há de constituir-se num enunciado sintético, ou seja, enunciado cuja negação não se mostre contraditória, mas logicamente possível.[115]

Certamente, o processo de indução possibilita a generalização científica. Assim, como bem afirma Thomas S. Kuhn,[116] não há necessidade de confrontar os problemas filosóficos mais profundos apresentados pelos erros. É um erro somar três mais três e obter cinco, ou concluir de "todos os homens são mortais" que "todos os mortais são homens".

A vantagem epistemológica do método indutivo científico é a possibilidade de universalização. De forma que a indagação científica deve atender ao método indutivo nas três fases da elaboração jurídica: na pré-legislativa ou doutrinária, na legislativa e na pós-legislativa ou exegética, de modo que, na função retificativa, que lhe compete, seja (por sua vez e com mais fortes razões do que as geralmente admitidas) pré-legislativa.[117]

Admite-se, por conseguinte, que as pesquisas históricas e comparadas se auxiliam na indução para se fazer a análise das diversas considerações (teorias) anteriores e contemporâneas sobre determinados assuntos e assim se poder tirar as correspondentes conclusões.

Na comparação de direitos, especificamente, poder-se-á desenvolver tanto a indução interna quanto externa. A primeira é o tipo de indução que, como processo, desenvolve-se dentro de um sistema de normas, isto é, dentro de uma determinada ordem jurídica. Já a segunda (externa) se produz de forma independente tendo como objeto de estudo vários sistemas ou ordens jurídicas. Ambos os processos nos conduzem à análise das relações (conclusões) internas e/ou cruzadas, assim como mostramos no seguinte diagrama e exemplos:

---

[114] LAKATOS, Eva Maria e Marina de Andrade Marconi. *Metodologia Científica. Op. cit.*, p. 47.
[115] POPPER, Karl. R. *A lógica da pesquisa científica. Op. cit.*, p. 27-29.
[116] KUHN, Thomas S. *Lógica da descoberta ou psicologia da pesquisa.* In *A crítica e o desenvolvimento do conhecimento*. Organizado por Imre Lakatos e Alan Musgrave. São Paulo: Cultrix, 1970, p 17.
[117] MIRANDA, Pontes de. *Sistema de Ciência Positiva do Direito*. *Op. cit.*, pp. 8 e 40.

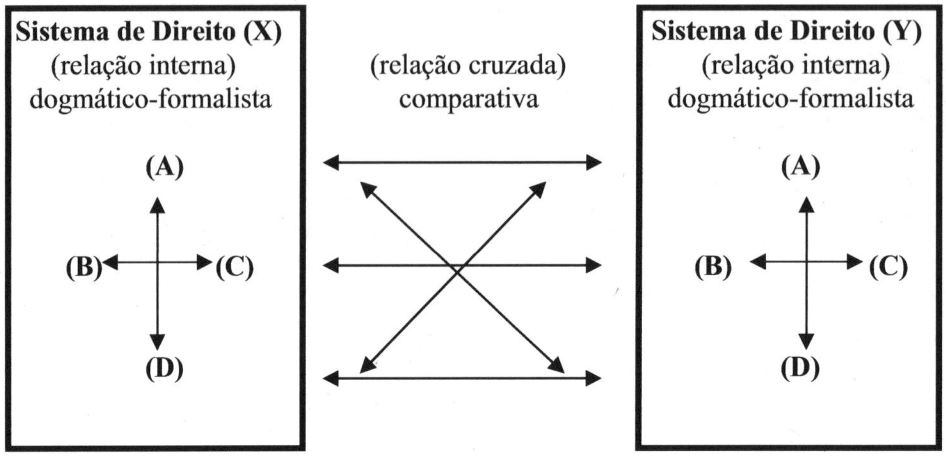

- *Nomenclatura.*

Considere-se que em ambos sistemas: (A) representa normas superiores, (B) e (C) representam normas colaterais e (D) normas inferiores.

- Exemplo de relações e conclusões internas:

A – (H), (I), (J) e (K) são normas jurídicas pertencentes ao Código de Defesa do Consumidor (X);

B – Ora, os textos e regras de tais normas desrespeitam os princípios gerais do Direito e são avaliadas como normas conflitantes entre si;

C – Logo, as normas jurídicas (H), (I), (J) e (K), pertencentes ao Código de Defesa do Consumidor (X), são contraditórias.

Aqui, "os princípios lógicos podem ser, se não direta, indiretamente, aplicados às normas jurídicas, na medida em que podem ser aplicados às proposições jurídicas que descrevem estas normas e que, por sua vez, podem ser verdadeiras ou falsas. Duas normas jurídicas contradizem-se e não podem, por isso, ser afirmadas simultaneamente como válidas quando as proposições jurídicas que as descrevem se contradizem; e uma norma jurídica pode ser deduzida de uma outra quando as proposições jurídicas que as descrevem podem entrar num silogismo lógico".[118]

- Exemplo de relações e conclusões externas ou cruzadas:

A – Nos códigos e leis de proteção e defesa dos consumidores e usuários (X), (Y), (Z) e etc., se define a responsabilidade jurídica do produtor (fornecedor) como sendo: "*aquela, pela qual (...)*"

B – Ora, (X), (Y), (Z) e etc. representam a quase maioria dos códigos e leis de proteção e defesa dos consumidores e usuários dos países latino-americanos;

C – Logo, na maioria das legislações latino-americanas vigentes em matéria da defesa e proteção dos consumidores e usuários, regula-se a responsabilidade jurídica dos produtores ou fornecedores como sendo: "*aquela, pela qual...*"

e) Dedução

Dá-se a dedução em duas formas: analítica, formal ou silogística. Assim, através da dedução transformam-se em particulares os enunciados complexos ou universais. O método consiste em uma operação lógica pela qual o raciocínio simples pode chegar a enunciados complexos.[119]

Kelsen, ao explicar o sistema estático de normas destaca a operação dedutiva, significando que "é essencial apenas que as várias normas de qualquer sistema sejam deduzíveis da norma fundamental, assim como o particular é deduzível do geral, e que, portanto, todas as normas particulares de tal sistema sejam obteníveis por meio de uma operação intelectual, a saber, pela inferência do particular a partir do geral".[120] Para Kelsen, o fundamento de validade e o conteúdo de validez das normas dentro de um determinado sistema podem ser deduzidos da norma básica, cuja natureza, nesse sistema, é lógico-formal. Todavia, no sistema de normas de tipo dinâmico não se pode empregar a dedução, devido à sua grande mutabilidade, pois o conteúdo das normas desse sistema não pode ser deduzido

---

118 KELSEN, Hans. *Teoria Pura do Direito. Op. cit.*, 1995, p. 84

119 OLIVEIRA, Silvio Luiz de. *Tratado de Metodologia Científica.* Projetos de Pesquisas, TGI, TCC, Monografias, Dissertações e Teses. *Op. cit.*, p. 62.

120 KELSEN, Hans. *Teoria Geral do Direito e do Estado. Op. cit.*, p. 163-164.

pela via de um raciocínio lógico, da norma hipotética fundamental, que apenas se limita a conferir a uma autoridade da comunidade jurídica. Logo, no sistema normativo dinâmico aplica-se o método lógico-transcendental.[121]

De acordo com Bobbio[122], para julgar a validade da norma "é preciso realizar investigações do tipo empírico-racional, que se realizam quando se trata de estabelecer a entidade e a dimensão de um evento. Em particular para decidir se uma norma é válida (isto é, como regra jurídica pertencente a um determinado sistema), é necessário com frequência realizar três operações: *1)* averiguar se a autoridade de quem ela emanou tinha o poder legítimo para emanar normas jurídicas, isto é, normas vinculantes naquele determinado ordenamento jurídico (esta investigação conduz inevitavelmente a remontar até a norma fundamental que é o fundamento da validade de todas as normas de um determinados sistema); *2)* averiguar se não foi ab-rogada (...); *3)* averiguar se não é incompatível com outras normas do sistema, particularmente com uma norma hierarquicamente superior (uma lei constitucional é superior a uma lei ordinária (...)".

Explicamos aqui o processo de dedução por ser de utilidade básica no processo de comparação, fazendo-se uso de uma premissa maior, seguida de uma menor e da respectiva conclusão.

Vejam-se, a seguir, diferentes exemplos onde os métodos alternativos aqui estudados complementam-se entre si.

Exemplo n.º 1– *Observação* e *indução* que têm por objeto os atos jurídicos civis.

A – "O casamento, o contrato e o testamento constituem, modificam ou extinguem relações jurídicas" (enunciado singular);

B – Ora, "o casamento, o contrato, e o testamento são atos jurídicos civis" (enunciado singular);

---

[121] KELSEN, Hans. *Teoria Pura do Direito*. Tradução João Baptista Machado. 4. ed. São Paulo: Martins Fontes, 1995, p 8-10, *apud* DINIZ, Maria Helena. *Compêndio de Introdução à ciência do Direito*. 11. ed. atualizada. São Paulo: Saraiva, 1999, p. 121.

[122] BOBBIO, Norberto. *Teoria da Norma Jurídica*. Apresentação Alaôr Caffé Alves, trad. Fernando Pavan Baptista e Ariani Bueno Sudatti. Bauru, SP: EDIPRO, 2001, p. 47.

C – Logo, "os atos jurídicos civis constituem, modificam ou extinguem relações jurídicas" (enunciado universal).

Exemplo n.º 2 – *Observação, análise, síntese* e *indução* que têm por objeto normas jurídicas pertencentes ao Novo Código Civil Brasileiro.

- "*Pelo contrato de compra e venda, um dos contraentes se obriga a transferir o domínio de certa coisa, e o outro, a pagar-lhe certo preço em dinheiro*" (Art. 481).

- "*Aplicam-se à troca as disposições referentes à compra e venda, com as seguintes modificações:*

I – salvo disposição em contrário, cada um dos contratantes pagará por metade as despesas com o instrumento da troca;

II – é anulável a troca de valores desiguais entre ascendentes e descendentes, sem consentimento dos outros descendentes e do cônjuge do alienante." (Art. 533).

- "*Considera-se doação o contrato em que uma pessoa, por liberalidade, transfere do seu patrimônio bens ou vantagens para o de outra.*" (Art. 538).

A – Através da compra e venda realiza-se a transferência da propriedade ou domínio dos bens de uma pessoa(as) a outra ou outras (enunciado singular);

B – Por meio da troca realiza-se a transferência da propriedade ou domínio dos bens de uma pessoa(as) a outra ou outras (enunciado singular);

C – Mediante a doação realiza-se a transferência da propriedade ou domínio dos bens de uma pessoa(as) a outra ou outras (enunciado singular);

D – Ora, a compra e venda, a troca, a doação são contratos civis (enunciado singular);

E – Logo, a compra e venda, a troca e a doação são contratos civis translativos da propriedade ou domínio dos bens (enunciado universal).

Exemplo n.º 3 – *Dedução* que tem por objeto a natureza jurídica dos contratos civis.

A – Todos os atos lícitos, que tenham por fim imediato adquirir, resguardar, transferir, modificar ou extinguir direitos, são denominados atos jurídicos (premissa maior);

B – Ora, os contratos civis são atos lícitos que têm por fim imediato adquirir, resguardar, transferir, modificar ou extinguir direitos (premissa menor);

C – Logo, os contratos civis são atos jurídicos (conclusão).

Exemplo n.º 4 – *Observação*, *análise*, *síntese* e *dedução* que têm por objeto normas jurídicas pertencentes ao Código Civil Cubano.

- "*El acto jurídico es una manifestación lícita, de voluntad, expresa o tácita, que produce los efectos dispuestos por la ley, consistentes en la constitución, modificación o extinción de una relación jurídica.*" (Art. 49.1). [O ato jurídico é uma manifestação lícita de vontade, expressa ou tácita, que produz os efeitos dispostos pela lei, consistentes na constituição, modificação ou extinção de uma relação jurídica.]

- "*Mediante el contrato se constituye una relación jurídica o se modifica o extingue la existente.*" (Art. 309). [Mediante o contrato constitui-se uma relação jurídica ou se modifica ou extingue a existente.]

- "*Por el contrato de compraventa el vendedor se obliga a trasmitir la propiedad de un bien al comprador, mediante su entrega y éste a pagar por él determinado precio en dinero.*" (Art. 334). [Pelo contrato de compra e venda o vendedor se obriga a transmitir a propriedade de um bem ao comprador, mediante sua entrega e este a pagar por ele determinado preço em dinheiro.]

A – Todo ato jurídico é uma manifestação lícita de vontade, expressa ou tácita, que produz os efeitos dispostos pela lei, consistentes na constituição, modificação ou extinção de uma relação jurídica (premissa maior);

B – O contrato é um ato jurídico, isto é, uma manifestação lícita de vontade que, de forma expressa ou tácita, constitui, modifica ou extingue uma relação jurídica (premissa menor);

C – Ora, a compra e venda é um contrato pelo qual se constitui uma relação jurídica, estando o vendedor obrigado a transmitir a propriedade de um bem ao comprador, mediante sua entrega e este a pagar por ele determinado preço em dinheiro (premissa menor);

D – Logo, o contrato de compra e venda é um ato jurídico (conclusão).

É certo que, por ser o conhecimento dúplice, isto é, indutivo, na formação dos princípios; dedutivo, em estado posterior[123] há uma relação essencial entre a indução e a dedução. Assim, devemos observar que a própria conclusão tirada do raciocínio indutivo (enunciado universal) nos serve de premissa maior para o raciocínio dedutivo. Veja-se tal relação no seguinte exemplo:

Exemplo n.º 5 – *Indução* que tem por objeto a natureza jurídica dos contratos civis.

A – A compra e venda é um negócio jurídico (enunciado singular);

B – A troca é um negócio jurídico (enunciado singular);

C – O empréstimo (mútuo e o comodato) são negócios jurídicos (enunciado singular);

D – O mandato é um negócio jurídico (enunciado singular);

E – A locação é um negócio jurídico (enunciado singular);

---

[123] MIRANDA, Pontes de. *Sistema de Ciência Positiva do Direito*. *Op. cit.*, p. 7.

F – O depósito é um negócio jurídico (enunciado singular);

G – O seguro é um negócio jurídico (enunciado singular);

H – A sociedade é um negócio jurídico (enunciado singular);

I – A fiança é um negócio jurídico (enunciado singular);

J – Ora, compra e venda, troca, empréstimo (mútuo e o comodato), mandato, locação, depósito, seguro, sociedade e fiança são contratos civis (enunciado singular);

K – Logo, todos os contratos civis são negócios jurídicos (enunciado universal).

Exemplo n.º 6 – *Dedução* que tem por objeto a natureza jurídica dos contratos civis.

A – Todos os contratos civis são negócios jurídicos (premissa maior);

B – Ora, a troca é um contrato civil (premissa menor);

C – Logo, a troca é um negócio jurídico (conclusão).

Até aqui, consideramos que as atividades indutiva e dedutiva não se divorciam da observação, da análise e da síntese, estas se complementam durante todo o processo de pesquisa jurídica; sendo, portanto, métodos que se aplicam de forma integral na inquirição da realidade, fenômenos ou problemas jurídicos.

A ciência constitui-se assim num "conjunto de proposições e enunciados, hierarquicamente correlacionados, de maneira ascendente ou descendente, indo gradativamente de fatos particulares para os gerais e vice-versa (conexão ascendente = indução; conexão descendente = dedução), comprovado (com a certeza de serem fundamentados) pela pesquisa empírica (submetido à verificação)".[124]

---

124 LAKATOS, Eva Maria & Marina de Andrade Marconi. *Metodologia Científica. Op. cit.*, p. 21.

Durante a observação, somos capazes de relacionar os fatos e fenômenos concretos mediante um processo indutivo ou dedutivo. De qualquer forma, durante esse processo "deve-se observar que, quando uma das premissas não for verdadeira, a conclusão também não o será".[125] Vejam-se, a seguir, os seguintes exemplos:

Exemplo n.º 7 – *Dedução* que tem por objeto as características dos contratos civis.

A – Todos os contratos são onerosos (premissa maior falsa);

B – Ora, a doação é um contrato (premissa menor verdadeira);

C – Logo, a doação é onerosa (conclusão falsa).

Exemplo n.º 8 – *Dedução* que tem por objeto as características dos contratos civis.

A – Todos os contratos são unilaterais (premissa maior falsa);

B – Ora, a troca é um contrato (premissa menor verdadeira);

C – Logo, a troca é unilateral (conclusão falsa).

Exemplo n.º 9 – *Dedução* que tem como objetivo o estudo da natureza jurídica dos "contratos" e "testamentos".

A – Todos os atos jurídicos são contratos (premissa maior falsa);

B – Ora, o testamento é um ato jurídico (premissa menor verdadeira);

C – Logo, o testamento é um contrato (conclusão falsa).

---

[125] OLIVEIRA, Silvio Luiz de. *Tratado de Metodologia Científica*. Projetos de Pesquisas, TGI, TCC, Monografias, Dissertações e Teses. *Op. cit.*, p. 63.

De acordo com tais regras técnicas, também se confrontam as normas programáticas, os princípios e diretrizes que orientam cada sistema de direito ou legislação nacional, pois, às vezes, o que é verdadeiro para alguns sistemas, pode ser falso para outros. Veja-se a seguinte comparação:

Exemplo n.º 10 – *Observação, análise, síntese* e *dedução* que têm por objeto normas jurídicas pertencentes ao Código Civil cubano.

- "*El contrato se perfecciona desde que las partes, recíprocamente y de modo concordante, manifiestan su voluntad.*" (Art. 310). [O contrato se aperfeiçoa desde o momento em que as partes, reciprocamente, e de modo concordante, manifestam sua vontade.]

- "*Por el contrato de préstamo una de las partes se obliga a entregar a la otra una cantidad de dinero o de bienes designados solamente por su género, y ésta a devolver otro tanto de la misma especie y calidad dentro del plazo convenido.*" (Art. 379). [Pelo contrato de empréstimo (mútuo) uma das partes se obriga a entregar à outra uma quantidade de dinheiro ou de bens designados só pelo seu gênero, e esta a devolver outro tanto da mesma espécie e qualidade dentro do prazo convindo.]

- "*Por el contrato de comodato una de las partes se compromete a ceder a la otra el uso gratuito de un bien determinado y ésta a devolvérselo después de haberlo utilizado o al vencer el término del contrato.*" (Art. 382). [Pelo contrato de comodato uma das partes se compromete a ceder à outra o uso gratuito de um bem determinado e esta a devolvê-lo depois de utilizado ou ao vencer o termo do contrato.]

- "*Por el contrato de depósito una persona se obliga, onerosa o gratuitamente, a recibir, guardar, custodiar, conservar y devolver un bien mueble que le confía el depositante.*" (Art. 423). [Pelo contrato de depósito uma pessoa se obriga, onerosa ou gratuitamente, a receber, guardar, custodiar, conservar e devolver um bem móvel que o depositante lhe confia.]

De acordo com tais normas, vigentes na legislação civil cubana, considera-se legítima e verdadeira a seguinte operação, que por sua vez, será falsa de acordo com a doutrina e normas noutros sistemas jurídicos:

A – Todos os contratos são consensuais (premissa maior verdadeira);

B – Ora, o mútuo, o comodato e o depósito são contratos (premissa menor verdadeira);

C – Logo, o mútuo, o comodato e o depósito são consensuais (conclusão verdadeira).

Exemplo n.º 11 – *Observação*, *análise*, *síntese* e *dedução* que têm por objeto normas jurídicas pertencentes ao Novo Código Civil brasileiro.

- "*O comodato é o empréstimo gratuito de coisas não fungíveis. Perfaz-se com a tradição do objeto.*" (Art. 579).

- "*O mútuo é o empréstimo de coisas fungíveis. O mutuário é obrigado a restituir ao mutuante o que dele recebeu em coisas do mesmo gênero, qualidade e quantidade.*" (Art. 586).

- "*Este empréstimo transfere o domínio da coisa emprestada ao mutuário, por cuja conta correm todos os riscos dela desde a tradição.*" (Art. 587).

- "*Pelo contrato de depósito recebe o depositário um objeto móvel, para guardar, até que o depositante o reclame*" (Art. 627).

- "*O depositário é obrigado a ter na guarda e conservação da coisa depositada o cuidado e diligência que costuma com o que lhe pertence, bem como a restituí-la, com todos os frutos e acrescidos, quando o exija o depositante.*" (Art. 629).

De acordo com tais normas, considere-se legítima a seguinte operação:

A – Todos os contratos são consensuais (premissa maior falsa);

B – Ora, o mútuo, o comodato e o depósito são contratos (premissa menor verdadeira);

C – Logo, o mútuo, o comodato e o depósito são consensuais (conclusão falsa).

Observe-se que aqui a premissa maior e a conclusão são falsas; isto igualmente se verifica no sistema de direito espanhol e português.

Para ir mais longe, permitam-me argumentar que o fato de considerar os contratos de mútuo, comodato e depósito como contratos reais e não consensuais tem sua fonte no sistema de Direito romano. Já se disse que pelo contrato de empréstimo (comodato ou mútuo) uma pessoa se obriga a entregar a outra uma coisa, como objeto de uso, obrigando-se esta última à restituição segundo as condições acordadas. Por conseguinte, ambos os contratos são considerados reais, ainda que a simples convenção de emprestar a coisa gerasse a obrigação de sua entrega, aceitando-se a promessa e não o contrato, que finalmente se caracteriza pela restituição da coisa entregue gratuitamente para o uso.

Comparando a legislação civil cubana e brasileira vigentes, podemos concluir que em ambas o contrato de comodato tem como finalidade a entrega de coisas determinadas para seu uso, pelo que o comodatário se obriga a devolver ao comodante a mesma coisa recebida em empréstimo e não outra, na mesma condição em que lhe foi entregue. Vejam-se os artigos 382 do Código Civil cubano e 579 do Novo Código Civil brasileiro.

Na pesquisa jurídica em geral e comparada em particular, tanto a análise e a indução como a síntese e a dedução, permitem derivar das normas os conceitos, e os conceitos das normas. "A análise, a síntese, a classificação e a definição constituem outros tantos processos de disciplina do raciocínio, de organização e ordenação de idéias com o propósito de sistematizar a pesquisa da verdade."[126]

Muitos autores, entre eles Savigny, foram defensores da conhecida "jurisprudência dos conceitos", qualificada de forma negativa por seus críticos como "método de deduzir a norma e a decisão jurídica a partir do conceito". Essa posição contrária defendia a produção dos

[126] GARCIA, Othon. *Comunicação em prosa moderna: aprenda a escrever, aprendendo a pensar*. 8. ed. Rio de Janeiro: FGV, 1980, p 317 *apud.*, Antonio Henriques e João Bosco Mediros. *Monografia no curso de Direito*. 2da ediç. São Paulo: Atlas, 1999, p. 29.

conceitos, através da indução, isto é, tomando como ponto de partida as normas jurídicas, as decisões jurisprudenciais e as valorações sociais. Em nossa opinião, tanto valor tem a dedução através dos conceitos quanto a indução através das normas, para a produção, interpretação, comparação e aplicação do Direito.

Há, contudo, uma boa razão para entender que o uso desses métodos alternativos tem lugar desde o momento em que o pesquisador estabelece o delineamento teórico da pesquisa: formulação do problema, objeto, objetivos e hipóteses. As hipóteses, por exemplo, são definidas como soluções tentativas que consistem em respostas destinadas a explicar provisoriamente um problema até que os fatos venham a contradizê-la ou confirmá-la, isto é, uma formulação provisória de prováveis causas de problemas, objetivando explicá-los de forma científica. É uma suposição que se introduz em um teste para demonstrar as consequências que seguem; portanto, não mera opinião, ficção ou contraposição ao fato. Em geral, baseia-se, dedutivamente, na relação do problema com a solução proposta pelo pesquisador, tendo em vista verificar a validade da resposta. Assim, as hipóteses podem ser obtidas pela experiência (indução) ou pela dedução. As condições que ajudam a descobri-las são: (a) a própria pesquisa; (b) a analogia; (c) a indução; (d) a dedução; (e) as reflexões.[127]

Resumindo: os métodos alternativos anteriormente explicados são válidos: *a)* para avaliar a hierarquia do direito em cada sistema (verificação da pertença de uma norma a um sistema – validade); *b)* para confrontar os institutos e normas jurídicas dos diferentes sistemas (examinando as semelhanças e diferenças e a possibilidade e aproximação e unificação) e; *c)* para confrontar os critérios e doutrina jurídica.

A "observação", a "análise", a "síntese", a "indução" e a "dedução", como métodos alternativos e auxiliares da comparação jurídica, se relacionam e integram em cada um dos procedimentos comparativos, segundo se explica e exemplifica no quinto e último capítulo da presente obra.

4.3. A conclusão ou generalização científico-comparativa

Todo trabalho comparativo leva-nos a determinadas conclusões que dependem do procedimento utilizado durante a inquirição de uma realidade jurídica.

Assim, estudando as legislações nacionais em face das estrangeiras, pode-se tirar

---

[127] HENRIQUES Antonio e João Bosco Mediros. *Monografia no curso de Direito. Op. cit.*, pp. 38-39.

valiosas conclusões que nos permitem compreender a integridade do direito. As conclusões (generalizações científicas) que derivam da comparação de direitos podem ser de dois tipos: *a)* teórico-qualitativas ou; *b)* empírico-quantitativas.

4.3.1. Conclusões ou generalizações teórico-qualitativas

Exemplo n.º 12 – Conclusão resultante do estudo teórico-sistemático (estrutura e forma do Direito): unidade e validade normativa dentro de uma ordem jurídica.

A – (X) é uma norma jurídica vigente e aplicada dentro do Sistema de Direito Civil espanhol;

B – Ora, existe uma relação de subordinação e hierarquia jurídica entre (X) (norma jurídica inferior) e (Y) (norma jurídica superior);

C – Logo, (X) é uma norma jurídica válida dentro do Sistema de Direito Civil espanhol.

Exemplo n.º 13 – Conclusão resultante do estudo teórico-sistemático (estrutura e forma do Direito): validade e critério de justiça dentro de uma ordem jurídica.

A – (Q) é uma norma jurídica que corresponde aos valores superiores ou finais da ordem jurídica (X);

B – Ora, (Z) é uma norma jurídica que corresponde aos valores superiores ou finais da ordem jurídica (X);

C – Logo, as normas jurídicas (Q) e (Z) são normas jurídicas justas dentro da ordem jurídica (X).

Exemplo n.º 14 – Conclusão resultante do estudo teórico-normativo (conteúdo do Direito): coerência normativa dentro de uma ordem jurídica.

A – (E) e (F) são normas jurídicas válidas dentro da ordem jurídica (X);

B – Ora, nos textos (regras) correspondentes às normas jurídicas (E) e (F) se autoriza e se proíbe o mesmo ato jurídico;

C – Logo, (E) e (F) são normas jurídicas incoerentes.

Exemplo n.º 15 – Conclusão resultante do estudo teórico-normativo (conteúdo e eficiência do Direito): sociologia e eficácia normativa dentro de uma ordem jurídica.

A – (G) é uma norma jurídica geralmente acatada (obedecida) pelos seus destinatários (cidadãos);

B – Ora, verificou-se a existência de uma sanção adequada para o caso do incumprimento da norma (G);

C – Logo, (G) é uma norma jurídica eficaz (eficácia social).

Exemplo n.º 16 – Conclusão resultante do estudo teórico-normativo (conteúdo do Direito): aceitação e rejeição da pena de morte.

A – Nos sistemas de Direito (X), (Y) e (Z) rejeita-se a pena de morte;

B – Ora, (X), (Y) e (Z) representam quase todos os sistemas de Direito penais nacionais latino-americanos;

C – Logo, quase todos os sistemas de Direito penais nacionais da América Latina rejeitam a pena de morte.

Exemplo n.º 17 – Conclusão resultante do estudo teórico-doutrinário (definição geral do contrato).

A – (J), (K), (L), (M) e (O) definem o contrato como sendo "*o acordo de vontades (...)*";

B – (J), (K), (L), (M) e (O) são considerados os autores (doutrinadores) brasileiros mais importantes;

C – Logo, a doutrina brasileira, em matéria de Direito Civil, considera que o contrato é (...).

Exemplo n.º 18 – Conclusão resultante do estudo teórico-doutrinário (conceito do casamento).

A – Alguns autores consideram que o casamento é certamente um ato jurídico pelo qual (...);

B – Para outros, o casamento é um contrato do qual derivam (...);

C – Logo, o conceito moderno do casamento é muito polêmico, pois indistintamente considera-se que o casamento (...).

4.3.2. Conclusões ou generalizações empírico-quantitativas

Exemplo n.º 19 – Conclusão resultante do estudo e caracterização das normas jurídicas.

A – Cerca de 70% das normas jurídicas do Código Civil (X), correspondentes ao regime das obrigações e dos contratos, são proibitivas;

B – Cerca de 30% das normas jurídicas do Código Civil (X), correspondentes ao regime das obrigações dos contratos, são permissivas;

C – Logo, do total (100%) das normas jurídicas do Código Civil (X) estudadas, cerca de 70% são normas jurídicas de mandato, isto é, normas que proíbem determinada conduta.

Exemplo n.º 20 – Conclusão resultante do estudo e caracterização das normas jurídicas.

A – Cerca de 10% das normas jurídicas incluídas na Lei de Defesa dos Consumidores (X) são operativas;

B – Cerca de 5% das normas jurídicas incluídas na Lei de Defesa dos Consumidores (X) são programáticas;

C – Cerca de 15% das normas jurídicas incluídas na Lei de Defesa dos Consumidores (X) são permissivas;

D – Logo, do total das normas jurídicas da Lei de Defesa dos Consumidores (X), cerca de 70% são não proibitivas.

CAPÍTULO 5

DINÂMICA DA PESQUISA JURÍDICA COMPARADA

O presente capítulo tem como escopo oferecer uma visão metodológica específica sobre a comparação jurídica. Aqui explicamos como cada procedimento comparativo, na verdade, repercute na observação e inquirição de certa parte da realidade jurídica, tal como foi visto: *a)* na estrutura, conteúdo e valor do Direito (estudo formal e material da norma), *b)* na relação das normas com os fenômenos jurídicos (fatos e situações jurídicas) e, *c)* na formulação e existência de teorias e doutrinas. Nesta perspectiva, tomando como base algumas legislações pertencentes aos sistemas de Direito espanhol, brasileiro, português e cubano, explicam-se os procedimentos específicos e válidos para o estudo e confrontação do Direito, estudando-se as relações que se formam entre normas constitutivas desses sistemas (ordens ou ordenamentos), e entre tais normas e os fenômenos jurídicos, tanto dinâmicos como estáticos, isto é, aquela parte das relações sociais (fatos e situações jurídicas) que se protege ou regula.

Com o intuito de facilitar uma melhor compreensão, exemplificamos, através de "estudos de casos", a execução da comparação jurídica, levando em conta cada procedimento ou forma comparativa, por meio das quais avaliam-se a expansão e aproximação do Direito civil ibero-americano e determinam-se as semelhanças e diferenças existentes entre as legislações pertencentes aos vários direitos nacionais.

5.1. Níveis, formas e procedimentos da comparação jurídica

A atividade comparativa não deve ser vista somente como uma mera comparação de normas, ou como uma simples atividade de concordância ou aproximação dos textos jurídicos.

Antes de se iniciar qualquer pesquisa deve-se fazer a escolha da forma comparativa mais apropriada para dar solução a nosso problema científico. A forma comparativa escolhe-se de acordo com os objetivos (finalidade), hipóteses e o objeto de estudo (sistemas jurídicos ou direitos nacionais que serão comparados).

Segundo lições de Marc Ancel,[128] as premissas ou condições preliminares para o desenvolvimento da pesquisa comparada são:

1. A determinação das fontes (objeto) da comparação;
2. O conhecimento da estrutura do Direito (divisão, modo de administração, sistema de referência);
3. Funcionamento do sistema;
4. Meio social.

O processo lógico de comparação pressupõe uma aproximação racional: aproximação ou oposição dos sistemas.[129] Pode-se conseguir essa aproximação através de três formas, a saber: a *comparação estrutural*, a *comparação normativo-institucional* (comparação funcional de normas e institutos) e a *comparação teórico-doutrinária* (teorias, doutrinas: opiniões, conceitos, terminologias, classificações e interpretações jurídicas etc.).

5.1.2. Escolha da forma comparativa

Como toda pesquisa jurídica, a comparação de direitos tem uma justificativa ou necessidade científica. Neste sentido, a escolha adequada da forma comparativa vai garantir a execução eficiente do processo de pesquisa.

Como se verá neste capítulo, para cada forma comparativa existe um procedimento (sequência lógica do processo de pesquisa) que está vinculado a uma necessidade científica. A seleção da forma comparativa, e de seu respectivo procedimento, baseia-se na observação da relação de *causa* e *efeito* que existe entre o problema científico, os objetivos, o objeto e as hipóteses da pesquisa.

---

[128] ANCEL Marc. *Utilidade e métodos do Direito comparado. Op. cit.*, pp. 112-113.
[129] *Ibid.*, p. 19.

A escolha certa dos procedimentos, por meio dos quais desenvolvemos a comparação jurídica, é de grande valia. Destarte, a comparação de direitos tem uma razão e uma lógica que dão respostas ao *por quê* e ao *para quê* da pesquisa.

Insistimos aqui na importância da determinação do "*quê*", do "*por quê*" e do "*para quê*" queremos comparar, pois a determinação desses aspectos nos permite delimitar o *campo de ação* da pesquisa, isto é, aquela parte específica do objeto sobre a qual recai o estudo. O *campo de ação*, tendo um significado muito mais estreito que o objeto, garante a orientação do processo de pesquisa e comparação jurídica. Tendo ciência do "*quê*" queremos ou precisamos pesquisar e de "*qual*" é o interesse da comparação jurídica, estaremos em condições de abordar a parte formal (estrutural) e material (conteúdo) das normas que constituem os ordenamentos jurídicos escolhidos, ou, ainda, de estudar as teorias e doutrinas existentes sobre um determinado assunto.

A execução das pesquisas comparativas auxilia-se da técnica de amostragem, pois nenhuma regra nos obriga a comparar todos os sistemas de direitos, ou todos os institutos e teorias jurídicas existentes. Muitas vezes é suficiente comparar uma parte representativa desse conjunto de sistemas, legislações, institutos e teorias. Por exemplo, para avaliar o grau de aproximação das constituições latino-americanas, poder-se-ia estudar (confrontar) a totalidade ou uma parte ou grupos de normas que vigoram sobre um assunto; desta forma, desenvolve-se o estudo da "parte representativa" das normas jurídicas constitucionais, ou de um grupo, também representativo de constituições nacionais. A determinação do objeto da comparação e sua amostra permitirá tirar conclusões concretas, com um menor esforço, poupando economia e tempo.

Verifica-se, portanto, que as pesquisas comparativas podem abranger não um sistema em sua totalidade, mas uma parte deste: uma instituição (casamento, divórcio, contrato), uma doutrina ou mesmo uma regra especial estabelecida para regulamentar uma parte do Direito (garantias do cumprimento das obrigações, eficácia dos atos jurídicos, regime da propriedade). A comparação de direitos pode ser desenvolvida através de um ou vários procedimentos em correspondência à forma ou formas comparativas que estão vinculadas ao nosso problema científico.

Em suma, a escolha das formas comparativas depende do nível da pesquisa e do interesse do pesquisador. A seguir, iniciamos o estudo e exemplificação de cada uma dessas formas e de seus respectivos procedimentos.

5.2. Comparação estrutural

Diz-se que todo ordenamento jurídico está estruturado por um conjunto de normas que tem por finalidade ordenar a vida em sociedade; "disso advém que os principais problemas conexos com a existência de um ordenamento são os que nascem das relações das diversas normas entre si".[130]

Uma pesquisa ao nível do sistema refere-se a uma pesquisa de estrutura, pois o que importa aqui é compreender o sistema globalmente em sua origem, sua evolução, seus princípios fundamentais, suas fontes, seus processos de aplicação, seu espírito e seu sistema de valores.[131]

A comparação estrutural viabiliza o estudo e confrontação da composição e organização do Direito nos diferentes países ou territórios, verificando-se a notável aproximação dos ordenamentos às exigências jurídicas contemporâneas. Trata-se de verificar se as normas pertencentes aos sistemas objeto de comparação constituem uma unidade jurídica.

A comparação estrutural torna-se complexa, mas, finalmente, menos perigosa ou menos sujeita a erros, e, sejam quais forem as diferenças entre os sistemas, ela aparece como podendo sempre se justificar. O sistema, com efeito, existe enquanto dado sócio-jurídico, cuja aproximação, descrição, medida, se assim podermos dizer, é sempre lícita.[132] Os problemas fundamentais a serem discutidos a esse propósito são, em primeiro lugar, o respeito da ordem e a hierarquia das normas, e, em segundo lugar, a questão da unidade, que certamente é qualidade representativa do sistema.

5.2.1. Sistemas jurídicos: conceito, características e indicadores para a seleção e classificação

---

130 BOBBIO, Norberto. *Teoria do ordenamento jurídico*. Apresentação Tércio Sampaio Ferraz Júnior; trad. Maria Celeste C. J. Santos; rev. téc. Cláudio De Cicco, 7. ed. Brasília: Editora Universidade de Brasília, 1996, p. 34.

131 ANCEL Marc. *Utilidade e métodos do Direito comparado. Op. cit.*, p. 121.

132 Ibid., p. 119.

Diz-se que onde existe um poder soberano existe um Direito independente de qualquer outro Direito ou poder soberano. Assim, todo Direito constitui uma ordem; portanto, existem tantos direitos, diferentes entre si, quantos poderes soberanos existam.[133]

Na teoria do Direito o termo *sistema*, geralmente, identifica o conjunto de normas e institutos jurídicos de um determinado ordenamento ou país. O termo *sistema jurídico* tem vários sentidos, podendo ser usado dependendo do país ou do grupo de países tomados como amostra numa pesquisa, ou segundo o grupo de países pertencentes a vários continentes (ibero-americano), a países que pertencem a um continente (sistema continental), a países formando blocos de legislações, exemplo: centro-americanos, sul-americanos etc.

Sistema jurídico pode significar: "sistema normativo", "ordem jurídica", "ordenamento jurídico", "sistemas de norma" etc. Assim, ao pesquisar o significado do termo "sistema" nas diferentes obras, tratados e concepções doutrinárias, verifica-se que seu uso pode se referir a:

a) uma ordem geral de direito vigente em um país ou estado;

b) um aparato legislativo de um país (legislações: leis e códigos), a cada conjunto de normas jurídicas que conformam sistemas particulares – por exemplo: sistema de Direito Privado, sistema de Direito Penal, sistema de Direito Agrário, entre outros;

c) um conjunto de institutos jurídicos, a saber: sistema contratual, sistema sucessório, sistema familiar;

d) um conjunto infinito de normas jurídicas, isto é, sistema normativo de uma sociedade ou Estado, pois o direito é considerado como um sistema de normas, ou de regras de conduta.

Pode-se entender por sistema jurídico o conjunto de normas jurídicas que constitui o direito nacional, ou "um conjunto mais ou menos amplo de legislações nacionais, unidas por uma comunidade de origem, de fontes, de concepções fundamentais, de métodos e de processos de desenvolvimento".[134]

Sabe-se que as leis são criadas a partir de um esquema (sistema) de princípios jurídicos lógicos. Toda legislação adapta-se ao país para que é feita, e é elaborada e

[133] BOBBIO Norberto. *Teoría General del Derecho. Op. cit.*, p. 244.
[134] ANCEL Marc. *Utilidade e métodos do Direito comparado. Op. cit.*, p. 58.

estruturada segundo o sistema socioeconômico e político, os costumes, a língua, a história e as tradições jurídicas. Nesta perspectiva é mister pesquisar as características desses sistemas, isto é, estilo, organização e técnica jurídica.

Cada tipo de sistema de Direito tem suas próprias caraterísticas, segundo a tradição e a herança histórica. Os sistemas de tipo ocidental, por exemplo, têm um denominador cultural comum diferente de outros, e um mesmo sistema apresenta variantes históricas. O Direito francês e o italiano e o Direito suíço e alemão "são apenas aparentes direitos latinos, pois pertencem todos ao sistema romanista continental, algumas vezes chamado de romano-germânico".[135]

De acordo com a Teoria Geral do Direito, por um lado, e a intenção de efetivar o estudo jurídico-comparado, por outro, tem-se classificado os sistemas jurídicos da seguinte maneira:

a) segundo a longa duração e vigência. Exemplos: sistema primitivo romano, caracterizado pela técnica e língua empregadas no texto;

b) de acordo com a língua e nacionalidade. Exemplos: direitos específicos nacionais – sentido estrito (sistema francês, italiano, espanhol, português, brasileiro etc.);

c) segundo o nível de desenvolvimento dos países. Exemplos: sistema de Direito dos países desenvolvidos, sistema de Direito dos países do Terceiro Mundo;

e) segundo a proximidade e extensão territorial. Exemplos: sistema de Direito latino-americano, anglo-americano, centro-americano, norte-americano, dos países do Mercosul, sistema da *common law*, sistema de Direito europeu;

f) segundo a influência histórico-religiosa. Exemplos: sistema de direito muçulmano, antigos sistemas asiáticos (chinês, japonês) e o Direito hindu;

g) de acordo com a formação socioeconômica e política. Exemplos: sistema de Direito socialista e capitalista;

h) de acordo com o grau de influência de direitos ou legislações anteriores. Exemplos: sistema romano-germânico e sistema romano-francês.

Observe-se que, com o objetivo de formular classificações sobre os sistemas jurídicos, são considerados determinados indicadores, a saber: a nacionalidade, a territorialidade, o

[135] ANCEL Marc. *Utilidade e métodos do Direito comparado. Op. cit.*, p. 58.

desenvolvimento econômico e a influência histórica, política e religiosa. Assim, fala-se de sistema de Direito romanista e alemão, anglo-americano, socialista, capitalista, hispano-americano, ibero-americano, latino-americano, europeu, norte-americano, islâmico e africano. Assim, a caracterização dos sistemas (ordenamentos jurídicos) poderá ter como referência: a tradição jurídica, a situação territorial, língua, nacionalidade, desenvolvimento, influência histórico-religiosa e a formação socioeconômica e política dos países.

No sentido prático, toda função jurídica se origina da aplicação de regras que se integram num todo único e sistemático; portanto, o agrupamento sistemático de normas é a tarefa básica do jurista, pois para se entender um problema legal devem-se pesquisar normas de diversos ramos do Direito. Aqui sistematização se entende como sendo uma das fontes do Direito.[136]

5.2.2. Procedimento para a comparação estrutural

A comparação jurídica pode implicar a confrontação estrutural (formal), isto é, da unidade das famílias de Direito. Durante a pesquisa jurídica comparada pode ser examinada a unidade integral do Direito ou de uma parte deste, isto é: ramos ou famílias que sejam de interesse.

Durante a comparação estrutural, já explicamos, o pesquisador estuda a composição e organização dos sistemas. Este procedimento viabiliza a observação, a análise dos regulamentos vigentes em diferentes países, para se verificar, por meio da síntese, a necessidade da unificação legislativa e da aproximação de nossas legislações às novas exigências contemporâneas. As contribuições são diversas, destacando-se especialmente a formulação de bases legislativas para o aperfeiçoamento e unificação das diferentes legislações.

A necessidade de pesquisar neste campo, afirma Norberto Bobbio,[137] surge da comprovação de que na realidade as normas jurídicas não existem nunca isoladas; pelo contrário, existem sempre num contexto de normas, que têm entre si relações particulares. Esse contexto de normas denomina-se "ordem", e é bom observar que a palavras "Direito"

---

[136] POLETTI, Ronaldo. *Introdução ao Direito*. São Paulo: Saraiva, p. 185.
[137] BOBBIO Norberto. *Teoría General del Derecho*. Op. cit., p. 141.

tem, entre muitos significados, também o de “ordem jurídica”, por exemplo, na expressão “Direito romano”, “Direito italiano”, “Direito canônico etc.

Nesta perspectiva, a comparação estrutural orienta-se para a comparação da estrutura dos diferentes direitos, embora a expressão “Direito” se refira ao todo (à ordem geral) ou à norma (a uma parte desta ordem).

Durante a comparação dos sistemas, estaremos avaliando os problemas estruturais do Direito com o objetivo de nos aprofundarmos na composição e disposição do universo jurídico.

Diz-se que “a comparação global do sistema, em seus dados históricos ou nas suas condições socioeconômicas de aplicação, torna-se, destarte, a condição primeira para uma utilização verdadeiramente científica do método comparativo. Deve-se insistir sobre a necessidade de distinguir o estudo formal do sistema, que se limita à expressão normativa do direito, do estudo material, que diz respeito ao conteúdo socioeconômico da regra”.[138]

O estudo formal do sistema inicia-se tomando como base a concepção estrutural do sistema, como mostramos no seguinte diagrama:

[138] ANCEL Marc. *Utilidade e métodos do Direito comparado. Op. cit.*, p. 69.

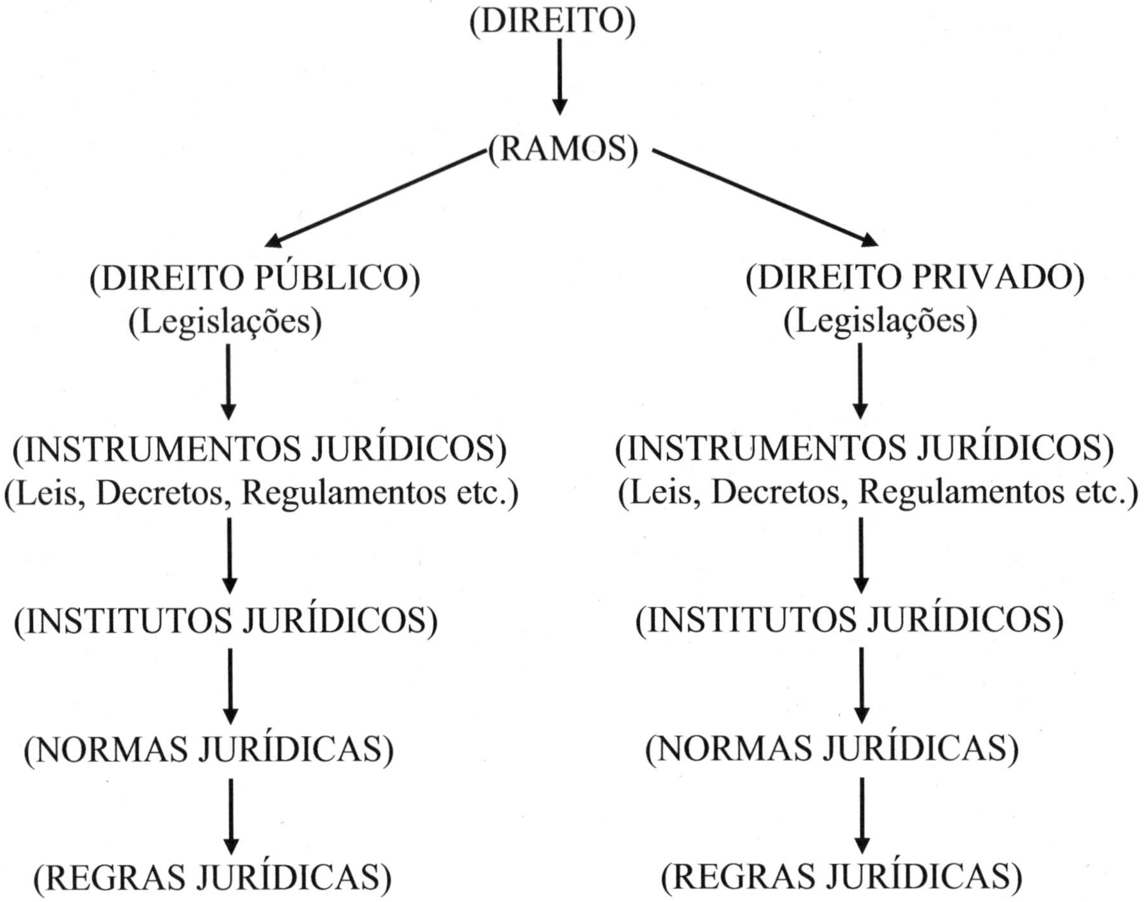

Para obter êxito durante a execução deste tipo de pesquisa deve-se verificar a relação estrutural, analisando se é respeitada a relação e subordinação e correlação existente entre normas superiores e inferiores.

Assim, "normalmente representa-se a estrutura hierárquica de um ordenamento através de uma *pirâmide*, donde se falar também de construção em pirâmide do ordenamento jurídico. Nessa pirâmide o vértice é ocupado pela norma fundamental; a base é constituída pelos atos executivos. Se a olharmos de cima para baixo, veremos uma série de processos de *produção jurídica*; se a olharmos de baixo para cima veremos, ao contrário, uma série de *processos de execução jurídica*".[139] Veja-se a seguir uma forma gráfica de representar tal estrutura:

[139] BOBBIO, Norberto. *Teoria do ordenamento jurídico*. *Op. cit.*, p. 51.

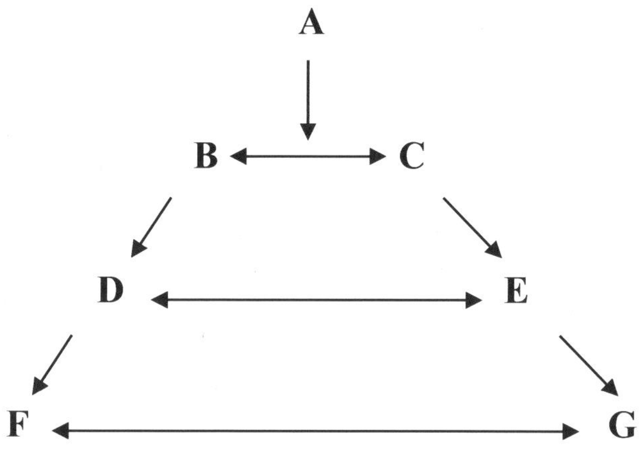

- *Nomenclatura:*

A = Norma superior ou fundamental (normas constitucionais).

B e C = Normas inferiores (normas contidas em códigos e leis).

D e E = Normas inferiores (normas contidas nos regulamentos, resoluções, decretos, instruções e portarias etc.).

F e G = Dinâmica das relações sociais e econômicas (fenômenos jurídicos dinâmicos: *fato* e *atos* jurídicos, e fenômenos jurídicos estáticos: *situações de direito*).

5.2.2.1. Testando hipóteses

Como resultado da observação e análise do diagrama anterior, identificam-se as seguintes cinco (5) premissas:

1. Entre (A) e (B, C, D, E) existem relações de *subordinação* e *hierarquia*, relações que correspondem ao conceito da *unidade* do Direito;

2. Entre (B) e (C) existe uma relação de *correlação*, relação que corresponde ao conceito de *coerência sistemática*;

3. Entre (D e E) existem relações de *correlação*, relações que correspondem ao conceito de *coerência sistemática*;

4. Entre (B) e (D), e entre (C) e (E) existem relações de *subordinação* e *hierarquia*, relações que correspondem ao conceito da *unidade* do Direito;

5. Entre (A, B, D, e F) e entre (A, C, E e G) existem relações que repercutem na *completude* da ordem jurídica.

Para garantir a execução do procedimento comparativo estrutural, convertem-se tais premissas em hipóteses que sucessivamente serão submetidas a teste, considerando que a "primeira" e a "quarta" representam relações de *unidade* e *hierarquia* normativa, e que a "segunda" e "terceira" representam relações de *coerência sistemática*. Já a "quinta" e última premissa, referida à *completude*, serão objeto de estudo e verificação por meio do procedimento de comparação normativo-institucional.

Precisam ser avaliadas, separadamente, as relações de subordinação e hierarquia normativa em cada sistema de Direito. Assim, caracterizando seus elementos componentes, deverá se identificar cada norma jurídica em cada instrumento jurídico vigente sobre a matéria em estudo.

Nesta perspectiva: *a)* revela-se a vigência e validade normativa, isto é, a pertinência da norma a um ordenamento, *b)* avalia-se a unidade e coerência (sistemática e hierárquica) dentro de um sistema para depois e, *c)* confrontam-se os resultados de tal avaliação com as de outro ou outros sistemas jurídicos. Por meio deste procedimento, determinam-se as semelhanças e diferenças entre a ordem ou estrutura de cada Direito.

Devido à utilidade e importância metodológica dos termos: unidade e hierarquia, coerência sistemática e completude, a seguir referimo-nos ao significado da unidade e hierarquia normativa.

A – Unidade e hierarquia normativa

A nota representativa de todo ordenamento jurídico é seu caráter unitário. A unidade e hierarquia normativa estão determinadas pela correlação de subordinação existente entre normas, e, especialmente, entre todas elas e uma norma superior.

Para julgar se o conteúdo normativo de um instrumento jurídico corresponde ao de outro instrumento de maior hierarquia, baseamo-nos no critério de unidade do direito, isto é, na relação existente entre normas superiores e inferiores.

A relação hierárquica existente entre normas pertencentes a diversos instrumentos jurídicos também deve ser verificada noutros sistemas de Direito, sendo sua avaliação a finalidade da comparação estrutural. Segundo lições de Alejandro del Palacio Diaz,[140] por

---

140 DEL PALACIO Diaz, Alejandro. *Introducción a la Teoría del Derecho.* México: Universidad Autónoma Metropolitana, 1992, p. 103.

exemplo, a ordem hierárquica federal mexicana, determinada pelo artigo 133 da Constituição desse país, se estabelece na seguinte forma:

Primeiro lugar: Constituição federal.

Segundo lugar: Leis federais.

Terceiro lugar: Tratados internacionais.

Quarto lugar: Constituições locais.

Quinto lugar: Leis locais.

O estudo da unidade normativa é por demais complexo. Isto porque cada ordem jurídica é composta por um conjunto incontável, cambiante e quase infinito de normas.

A essência da unidade do Direito encontra-se na teoria da elaboração gradual da ordem jurídica, com a qual se explica que as normas de uma ordem jurídica não se encontram todas no mesmo plano, pois há normas superiores e inferiores que dependem das superiores, e, passando pelas que se encontram num plano mais alto, chegamos à norma suprema que não depende de nenhuma outra superior. Como consequência da existência de normas superiores e inferiores a ordem jurídica alcança uma estrutura hierárquica. Como já se explicou, a estrutura hierárquica de uma ordem jurídica está representada por uma pirâmide e nesta o vértice está ocupado pela norma fundamental, e a base é constituída pelos atos executivos.[141]

Pesquisando a unidade jurídica comprovamos a existência de relações viáveis entre normas, quer dizer, avalia-se se as normas jurídicas foram elaboradas respeitando o princípio da hierarquia no Direito. Neste sentido, já que todo sistema jurídico acaba em uma *norma suprema* ou *superior*, a análise provém do raciocínio sistemático, através do qual determinamos a validade das *normas inferiores*, isto é, se uma norma pertence a determinado sistema. O "estudo de caso I", incluído na presente obra, pode ser considerado como um exemplo da avaliação da relação hierárquica entre normas superiores e inferiores.

B – Coerência sistemática

A coerência sistemática refere-se à relação existente entre normas do próprio sistema.

---

[141] BOBBIO Norberto. *Teoría General del Derecho*. *Op. cit.*, pp. 161-163.

Na verdade, a verificação do sistema implica a determinação da unidade e coerência normativa, como operações simultâneas; porém, para os efeitos de nosso estudo, aqui as dividimos.

A verificação da coerência sistemática deriva da avaliação da correlação entre normas, isto é, a verificação das chamadas antinomias (incompatibilidade normativa). Normas que são incompatíveis são contraditórias. O sentido da pesquisa e confrontação normativa têm aqui como escopo determinar se duas ou mais normas podem ser simultaneamente consideradas como verdadeiras.

No seu brilhante estudo sobre a "Teoria do Ordenamento Jurídico", Norberto Bobbio[142] se refere a três casos de incompatibilidade normativa, a saber:

1. entre uma norma que ordena fazer algo e uma norma que proíbe fazê-lo (*contrariedade*);

2. entre uma norma que ordena fazer e uma que permite não fazer (*contraditoriedade*); e

3. entre uma norma que proíbe fazer e uma que permite fazer (*contraditoriedade*).

Bobbio define a antinomia como situação de normas incompatíveis entre si, quando uma delas obriga e a outra proíbe, ou quando uma obriga e a outra permite, ou quando uma proíbe e a outra permite um mesmo comportamento. Noutro sentido a contraditoriedade pode ser um problema da comparação jurídico-normativa, através da qual se constata – em diferentes sistemas – a existência de normas contraditórias ou que violam as chamadas diretrizes do Direito, criando uma situação que pode ser denominada como redução ao absurdo, quer dizer, quando o argumento, ainda que correto, inevitavelmente nos leva a uma conclusão contraditória. Assim, as normas diretrizes não poderão ser esquecidas ou desrespeitadas durante o processo de crítica legislativa, pois tais normas orientam a atividade legislativa e possuem um reconhecimento geral.

5.3. Comparação normativo-institucional

Nesta forma comparativa, a análise pode inicialmente se situar ao nível da regra de Direito, mas, também, ao nível da instituição, procurando-se, por exemplo, o que existe a

---

[142] BOBBIO Norberto. *Teoria do ordenamento jurídico*. *Op. cit.*, pp. 81 e 85.

respeito do divórcio, da adoção ou do contrato em tal ou qual legislação.[143]

A comparação normativo-institucional também permite constatar as marcantes semelhanças e diferenças das legislações nacionais e estrangeiras. O grande valor da comparação institucional está em permitir avaliar a analogia, divergência ou discordância existentes entre as normas de legislações afins, abrindo as portas a uma possível imitação dos sistemas e à aproximação das regras e instituições jurídicas de diversos países.

Durante este tipo de comparação o pesquisador, quase simultaneamente, estuda e confronta as fontes formais (forma ou estrutura das normas) e as fontes materiais (conteúdo normativo). Devemos diferenciar a *análise da estrutura dos sistemas* (ordens jurídicas), vista no procedimento comparativo anterior, da *análise da estrutura normativa*, ora abordada nesta segunda forma comparativa. O estudo e confrontação das fontes formais (estrutura das normas) logra-se através do procedimento estrutural; porém o estudo e confrontação das fontes materiais (conteúdo normativo) consegue-se através do procedimento normativo-institucional.

A comparação normativo-institucional permite que nos informemos sobre a correspondência interna das regras de Direito nos vários sistemas jurídicos. Tal comparação jurídica permite avaliar os sistemas jurídicos, a partir da análise das normas situadas num mesmo nível, e que são relativas a um instituto jurídico ou a uma parte deste, e que têm como função:

a) regular e proteger as relações jurídicas afins. Exemplos: normas reguladoras da contratação civil, dos alimentos, normas protetoras do meio ambiente, do consumidor e outras;

b) resolver os litígios jurídicos referentes a uma determinada problemática socioeconômica e jurídica. Exemplos: litígios derivados dos serviços prestados pelos advogados ou profissionais liberais (responsabilidade jurídica do advogado), litígios derivados de inadimplemento das obrigações civis etc.

Não se trata aqui da confrontação simples das instituições de Direito. Este critério pode nos conduzir a erros, pois as analogias observáveis (extrínsecas) não afetam a estrutura das instituições, mas a finalidade destas ou algumas de suas finalidades, pelo que se pode correr o risco de aproximar institutos profundamente diversos.[144]

---

[143] ANCEL Marc. *Utilidade e métodos do Direito comparado. Op. cit.*, p. 119.
[144] BONFANTE, Prieto. *Historia del Derecho Romano. Op. cit.*, p. 14.

Assim, tendo como escopo a avaliação da estrutura (interna) e do conteúdo das normas jurídicas, a comparação normativo-institucional poderá objetivar o estudo e confrontação das normas pertencentes a vários sistemas, observando: a *coerência interna*, *completude* (inexistência de lacunas: avaliação da existência de um ordenamento completo) e *funcionalidade* (operacionalidade) do Direito. Tal avaliação nos permitirá tirar conclusões sobre a oportunidade, conveniência, justiça, valor e eficácia normativa.

A – Coerência interna

Pesquisar a coerência interna da uma norma é verificar se o seu conteúdo é consistente, isto é, se ele está ordenado de forma lógica e coerente. Assim sendo, devemos analisar a existência de possíveis conflitos normativos que se produzem, por exemplo, quando no texto de uma norma se autoriza, e, ao mesmo tempo, se proíbe o desempenho de uma determinada atividade.

A proposição jurídica que contém comandos diversos e contrários é incoerente, pois tal deficiência impede alcançar o objetivo de sua criação. Contudo, através do critério da coerência normativa interna constata-se a relação existente entre a parte interna da norma (regras), não por razões estruturais, mas por razões de conteúdo.

B – Completude

Diversos autores consideram que a pesquisa através da qual se procura a melhor forma possível de resolver um caso concreto é aplicada. É certo que neste tipo de pesquisa (sócio-jurídica) abordam-se a viabilidade e realização do Direito na proteção das relações jurídicas e sua solução dos litígios sociais.

O critério da completude baseia-se na consideração de que todo ordenamento jurídico há de estar constituído por uma normativa suficiente (completa), isto é, por um conjunto de normas que regulem a totalidade das relações sociais e econômicas existentes ou que hipoteticamente poderiam ser previstas.

Para Norberto Bobbio,[145] deve-se entender por completude a propriedade pela qual um ordenamento jurídico tem uma norma para regular cada caso concreto. Assim, a completude

---

[145] BOBBIO Norberto. *Teoria do ordenamento jurídico*. *Op. cit.*, p. 115.

significa “ausência de lacunas jurídicas”.

O fundamento das pesquisas desenvolvidas para avaliar a completude das ordens jurídicas está nas profundas transformações causadas pela acelerada evolução tecnológica, a qual tem tido incidência no desenvolvimento das relações sócio-jurídicas, tornando as leis rígidas diante da dinâmica das relações sociais. Na atualidade, por exemplo, constata-se o surgimento de novos fatos que repercutem na necessidade de novas regulamentações jurídicas, a saber:

a) surgimento de um novo conceito sobre a proteção do bem jurídico, ao se considerar dentro desta categoria, por exemplo, as informações pessoais registradas nos arquivos de administradoras de cartões de créditos, a privacidade;

b) formação de contratos eletrônicos e assinaturas digitais;

c) diversificação do comércio e das relações de consumo em geral, devido ao surgimento de novas relações no âmbito comercial, ainda não previstas pelos legisladores;

d) surgimento de novas relações trabalhistas na chamada “Era Digital”, pelos diversos serviços que podem ser oferecidos em localidades diversas;

e) aumento e diversificação da criminalidade pelo uso da informática, por exemplo: crimes contra a economia e crimes praticados contra os direitos individuais (fraude, espionagem, furto de serviços, uso incorreto de informação, tráfico de drogas, a calúnia, ameaça, aborto, racismo etc.).

Ante a necessidade de se alcançar a justiça e a certeza jurídica, o Direito deve ser capaz de regulamentar a vida em sociedade, normatizando as mais diversas e variadas mudanças surgidas como resultado do desenvolvimento científico.

Em suma, a partir do estudo e confrontação da completude, deve-se verificar a existência de fenômenos: fatos, atos ou situações jurídicas que a norma vigente não alcança. Ou seja, é necessário avaliar a sociologia do Direito, verificando-se se existem relações jurídicas que não estão sendo protegidas, estabelecendo a devida correlação entre os fatos e as consequências.

C – Funcionalidade

O Direito, já explicamos, tem uma significativa função social porque protege e regula a vida do homem em sociedade e facilita a solução dos litígios aí surgidos, tendo como finalidade essencial facilitar o desenvolvimento das relações econômicas, o estabelecimento do respeito, da ordem, da justiça e da legalidade em geral. Assim, a ciência do Direito exerce funções relevantes não só para o estudo da ordem jurídica, mas também para a aplicação de suas normas, viabilizando-as como elemento de controle do comportamento humano e permitindo a flexibilidade em sua interpretação e aplicação.[146]

Uma norma é funcional quando é possível e objetiva sua utilização por parte dos operadores do Direito. Para explicar em que consiste a convergência de soluções jurídicas deve-se encarar o sistema em sua realidade funcional e operacional. Daí a necessidade de se informar sobre essa realidade, para o que se propõe o emprego da técnica do questionário endereçado pelo pesquisador de um país a um jurista ou organismo qualificado de outro país para conhecer o Direito positivo em seu funcionamento real. Este procedimento, extremamente utilizado, e ao qual especialmente a Organização das Nações Unidas tem recorrido frequentemente, é uma forma precisa e aparentemente segura de informação, pois as respostas provêm de um jurista ou organismo local, exatamente informado sobre a realidade de seu próprio sistema.[147]

Na realidade, podem existir regras não adaptadas à realidade socioeconômica, pelo fato de ter-se ditado leis temporais, para situações especiais. Aqui, ao pesquisar a funcionalidade do Direito, se verifica se existem normas impossíveis de ser aplicadas a uma realidade.

Para determinar a completude verificamos a existência de lacunas, isto é, a inexistência de normas para regular um caso concreto. Porém, a funcionalidade refere-se à existência de normas inoperantes, isto é, que não se adaptam a uma realidade concreta. Observe-se que tanto a completude como a funcionalidade se vinculam à estabilidade (certeza jurídica), pois referem-se à correlação que deve existir entre as normas e a dinâmica das

---

[146] DINIZ, Maria Helena. *Op. cit.*, p. 177.
[147] ANCEL Marc. *Utilidade e métodos do Direito comparado. Op. cit.*, pp. 117-118.

relações sociais e econômicas. Por exemplo, muitas das normas do Código Civil de 1889, introduzido em Cuba pelos colonizadores espanhóis, estiveram vigentes até a promulgação do Código Civil cubano de 1987; porém a quase totalidade dessas normas foram modificadas pelo legislador cubano por serem inaplicáveis à nova realidade do país.

Os avanços científicos e a evolução tecnológica situam-se entre as principais causas que aceleram a dinâmica das relações sociais, o que determina que o Direito também tenha de acompanhar essa evolução. Hoje podemos ver como a introdução da informática no mundo jurídico tem modificado o panorama do processo de criação e aplicação do Direito, devido ao inevitável ingresso da mesma nas relações sociais.

Resumindo: como resultado da comparação normativo-institucional logramos tirar conclusões comparativas, analisando e confrontando os preceitos normativos, com a finalidade de descobrir a *coerência interna*, a *completude* e *funcionalidade* do Direito com respeito à realidade socioeconômica. Deve-se repetir tal processo, sempre que seja necessário, tantas vezes quantas sejam as normas jurídicas nacionais e estrangeiras comparadas, para depois generalizar com base nas semelhanças e diferenças existentes entre os sistemas jurídicos estudados. O "estudo de caso II", incluído na segunda parte da presente obra, pode ser considerado um exemplo da confrontação do Direito, observando os conceitos de *coerência interna* das normas, *completude* e *funcionalidade* do Direito.

Durante a avaliação da coerência interna da norma, a completude e a funcionalidade do Direito, quase de forma simultânea se analisa se as normas perderam a vigência.

5.3.1. Procedimento para a comparação institucional

A metodologia que orienta a comparação institucional está envolvida numa lógica que inevitavelmente nos conduz à observação interna da norma jurídica. Já explicamos que aqui não se trata de avaliar a organização normativa dentro de uma ordem jurídica, mas de confrontar o conteúdo estabelecido nas normas de igual nível hierárquico e vigência, e que são identificadas nos diferentes sistemas de Direito.

O procedimento para a comparação institucional, basicamente, consiste na execução das seguintes quatro tarefas:

1. Identificação e escolha, a partir da amostragem, do grupo de normas que será objeto de estudo e comparação;

2. Caracterização e classificação, de forma independente, das normas jurídicas selecionadas;

3. Qualificação e avaliação técnica da pertença de tais normas a um conjunto de legislações e institutos comparáveis;

4. Determinação das diferenças e semelhanças existentes entre normas situadas ao mesmo nível hierárquico e da mesma natureza institucional.

De maneira específica, durante a execução das tarefas anteriormente assinaladas, será necessário desenvolver as seguintes ações:

a) Identificação (observação) do Direito;

b) Determinação do caráter da norma (caracterização normativa);

c) Classificação normativa;

d) Análise normativa.

e) Síntese e elaboração do resumo comparativo.

Como bem se observará, a *identificação*, a *caracterização* e a *classificação* normativa constituem-se na antessala da *análise* e confrontação institucional. A seguir, explicamos as técnicas para o desenvolvimento deste procedimento comparativo.

1ª) Identificação do Direito

Identificar o Direito é distinguir as normas jurídicas afins em cada sistema de Direito ou ordens jurídicas. A identificação provém do raciocínio sistemático, através do qual, para confrontar, reconhecemos as normas afins nos diferentes sistemas de Direito. O "estudo de caso III", incluído na segunda parte, pode ser considerado um exemplo de identificação do Direito.

2ª) Determinação do caráter da norma (caracterização normativa)

São características essenciais da norma jurídica: a bilateralidade, a obrigatoriedade, a imperatividade, a coercibilidade, a legitimidade e a permanência. Para os efeitos do presente estudo destacamos a importância prática da determinação da generalidade e a abstração, por serem as normas propriamente reguladoras de relações sociais gerais e particulares.

A caracterização à qual nos referimos está orientada à determinação dos sujeitos (destinatários) e do objeto ou ação regulado, isto é: "*a quem*" vai dirigida a norma, "*para quê*" e "*por quê*" se concedem faculdades e "*com respeito a quê*" se estabelecem obrigações. Desta forma, caracterizar a norma jurídica é determinar se seus elementos sujeitos, objeto ou ação têm caráter universal ou individual.

Do ponto de vista metodológico, a caracterização normativa permite distinguir uma norma de outra ou outras, levando-se em conta:

1. Os sujeitos destinatários: *a)* sujeitos universais ou, *b)* sujeito particular.

2. O objeto ou ações reguladas: *a)* objetos ou ações universais, ou *b)* objeto ou ação individual.

As normas jurídicas são universais quando têm como sujeitos (destinatários) um grande grupo de indivíduos composto de muitos membros (todos os cidadãos, ou um grupo determinado de pessoas diferenciadas pela profissão, ofício ou condição social: juiz de Direito, funcionários, empregados, proprietários, possuidores, herdeiros, compradores, vendedores, cônjuge, filhos etc.). As normas jurídicas são particulares quando têm como sujeito (destinatário) uma pessoa determinada, como o é o sujeito ao qual se dirige a sentença de um juiz.

As normas jurídicas com objetos ou ações universais são aquelas inerentes a várias execuções ou direitos, o que traz como consequência que o comando não se esgote com um só ato. As normas jurídicas com objeto ou ação individual regulam um direito ou ordenam uma ação concreta e geralmente se utilizam nos procedimentos para cominar uma determinada pessoa ao cumprimento de uma atividade ou conteúdo específico.

3ª) Classificação normativa

A classificação normativa consiste na distribuição das normas jurídicas já identificadas e caracterizadas. Sabe-se que "todos os tratados de filosofia do direito e de teoria geral do direito examinam um certo número delas".[148] Assim, a classificação permite selecionar e agrupar as normas a partir de sua qualidade.

Para desenvolver com mais facilidade a análise e decomposição das normas jurídicas, depois da identificação das mesmas, é mister classificá-la, visando poder prever se a pesquisa (análise) recai sobre o mesmo grupo ou classe. Para cumprir tal objetivo propomos, a seguir, a seguinte classificação:

1. Normas jurídicas abstratas e individuais: De acordo com o caráter já determinado nas normas, verificamos se as mesmas se referem a um número indefinido de pessoas ou a um ou vários sujeitos determinados.

2. Normas jurídicas imperativas: Normas jurídicas pelas quais se ordena, estabelecendo-se uma relação de meio-fim ou de causa e efeito. São normas que contêm um comando o qual deve-se cumprir podendo também se classificar as mesmas em *positivas* e *negativas*.

3. Normas jurídicas afirmativas: Normas pelas quais se sustenta um direito (dever ou poder) ou se autoriza a execução legítima de um ato, geralmente através de um comando.

4. Normas jurídicas negativas: Normas jurídicas que contêm ou exprimem negação, pelas quais se restringe um direito ou poder, ou se desautoriza a execução de um ato, geralmente através de uma proibição.

5. Normas não-imperativas: Normas jurídicas nas quais o comando não resulta evidente, devido à forma como foram elaboradas. Estas normas, por sua vez, podem ser classificadas em *permissivas*, *declarativas* e *atributivas*.

6. Normas jurídicas permissivas: Normas cujo caráter imperativo pode revogar de forma total ou parcial uma proibição anterior. A filosofia e a doutrina jurídicas nem sempre consideram estas normas como jurídicas, ao se considerar que o Direito proíbe através de ações e omissões e não por meio da permissão – tudo isto, baseado no princípio jurídico que expressa que no Direito "tudo que não é proibido é permitido". Desta forma, as normas permissivas afirmam um direito que já nos pertence.

7. Normas jurídicas declarativas: Normas jurídicas *interpretativas* ou *explicativas* estruturadas em forma expressa ou manifesta, com as quais muitas vezes se define um instituto jurídico e se tenta direcionar um comportamento, criando as condições para

---

[148] BOBBIO, Norberto. *Teoria da Norma Jurídica*. Apresentação Alaôr Caffé Alves, trad. Fernando Pavan Baptista e Ariani Bueno Sudatti. Bauru, SP: EDIPRO, 2001, p. 177.

estabelecer os comandos. São normas que facilitam a compreensão da terminologia, pois contêm definições e esclarecimentos sobre o sentido que deverá ser dado a certas disposições legais.

8. Normas jurídicas atributivas: Normas jurídicas pelas quais se dá ou faculta a possibilidade de realizar um determinado ato jurídico.

9. Normas jurídicas de mandato: Normas jurídicas pelas quais proíbem-se determinadas condutas.

10. Normas jurídicas fundamentais e derivadas: São normas fundamentais as constitucionais, aquelas que estabelecem princípios econômicos, políticos e jurídicos reconhecidos na Constituição. São normas derivadas (secundárias) as restantes normas do sistema jurídico e que se encontram subordinadas à Constituição.

11. Normas jurídicas programáticas ou diretrizes: Normas pelas quais fixam-se condições gerais ou diretrizes direcionadas ao cumprimento, à garantia e à proteção dos interesses do Estado e da sociedade em geral.

12. Normas jurídicas legisladas, consuetudinárias, ou da jurisprudência: Segundo sejam geradas pelo Poder Legislativo, pelo costume ou pela jurisprudência.

13. Normas jurídicas operativas: Normas que estabelecem requisitos que devem ser cumpridos para se poder executar os atos jurídicos (contratos, matrimônio, testamento etc.). Diz-se igualmente que as normas operativas são diretivas, já que correspondem a esta função.

14. Normas jurídicas hipotéticas: Normas que estabelecem situações que devem ser cumpridas, regularmente chamadas hipóteses ou pressupostos. As normas jurídicas hipotéticas são aquelas por meio das quais se busca alcançar um determinado fim (exemplo: "se você deseja Y, faça X"); ou um fim diverso (exemplo: "se você não deseja Y, faça X"). As normas hipotéticas são também denominadas de *normas finalistas*, pelo critério de fim estabelecido que declaram. As normas condicionadas (hipotéticas) podem ser decompostas propondo-se sua relação interna (causa-consequência) da seguinte maneira: "Se é A, deve ser B", onde A para muitos é o ato ou fato jurídico e B a consequência. Para outros, A é o ilícito e B a sanção.

15. Normas jurídicas que expressam valores superiores de uma ordem jurídica: Normas jurídicas referidas aos valores que se encontram acima das disposições jurídicas.

16. Normas para a seleção e interpretação da norma aplicável: Normas com as quais orienta-se a interpretação e seleção de outras para sua aplicação.

17. Normas jurídicas remissivas: Normas jurídicas que nos remetem a outras normas.

Existem normas jurídicas que nos remetem a outras normas incluídas no mesmo texto da lei que se analisa, ou a outras que pertencem a disposições e legislações distintas. A remissão excessiva gera a dispersão legislativa, que atenta contra a segurança jurídica. A dispersão de textos legais dificulta a unificação de critérios para a solução dos litígios sócio-jurídicos.

18. Normas jurídicas gerais ou locais: Segundo o âmbito territorial de validade seja para todo o território nacional ou para uma parte do mesmo.

19. Normas jurídicas de Direito Público ou Privado: Segundo seja sua esfera de vigência, isto é, públicas: constitucionais, penais, administrativas, processuais, internacionais etc. e privadas: civis e mercantis.

20. Normas jurídica de Direito Interno ou Internacional: São normas jurídicas classificadas segundo o sistema estatal ao qual pertencem, e que regem exclusivamente determinado território estatal ou têm eficácia extraterritorial.

21. Normas jurídicas substantivas: Nelas se estabelecem direito, deveres e caracterizam condutas criminosas e suas sanções, exemplo: Código Penal, Civil, leis administrativas, Código Tributário, Código de Família etc.

22. Normas jurídicas adjetivas (processuais): Nelas se estabelecem procedimentos para garantir o exercício dos direitos e o cumprimento dos deveres já estabelecidos nas normas substantivas.

23. Normas jurídicas perfeitas: Estabelecem a nulidade de um ato jurídico e o privam de sua legitimidade, por exemplo: dos contratos, testamentos, casamentos etc.

24. Normas jurídicas imperfeitas (sem sanção) e normas sem sanção aparente: Normas jurídicas sem sanção são aquelas nas quais se estabelecem princípios sem sanção aplicável. As normas sem sanção aparente são aquelas que, ainda tendo princípios sem sanção aparente, formam parte de normas mais complexas ou de um regime especial que estão dotadas de sanção aplicável.

4ª) Análise normativa

Tecnicamente, a identificação, caracterização e classificação das normas jurídicas permitem a análise posterior de seu conteúdo normativo, de acordo com o instituto jurídico ao qual pertencem, isto é, permitem a confrontação do conjunto de ações reguladas pelas normas e regras do Direito, avaliando a situação hipotética que inspirou o legislador para sua elaboração e para a proteção específica dos atos ou das relações jurídicas.

Diz-se que toda norma jurídica, de acordo a seu sentido e contido, deve dar resposta a três questões fundamentais:[149]

1. Que *fatos* ou *circunstâncias reais* têm de ser regulados juridicamente?
2. Que *forma de comportamento* se estabelece para os sujeitos nas relações jurídicas?
3. Que *consequências jurídicas* se estabelecem para os incumprimentos?

O estudo da construção jurídica das normas determina a natureza dos institutos jurídicos. Diz-se que a análise e o estudo da construção jurídica representam um trabalho sumamente delicado, que poderá estar sujeito a muitos erros teóricos.

De qualquer forma, por meio dos estudos teórico-normativos demonstra-se a eficiência na proteção das relações jurídicas, a partir da análise de certos elementos, fáceis de encontrar em todo regime de direito. Assim, a análise normativa nos permite verificar se o conteúdo das normas se corresponde com a realidade que regula, realidade que poderá se referir:

a) a fatos que interessam a dois ou mais indivíduos;

b) a fatos que são objetos do Direito e, portanto, estão submetidos ao Direito;

c) a fatos que têm como causa a vontade (atos jurídicos) criadora do Direito, ou que se produzem involuntariamente (fatos jurídicos propriamente ditos);

d) a fatos que geram consequências impostas e aplicáveis pela força, em caso de não-cumprimento ou de inobservância da disposição normativa (a sanção).

A norma jurídica, como explica Iglesia Ferreirós, "encerra um critério de avaliação da conduta do homem em uma determinada sociedade, destinada a ordenar e evitar os litígios entre seus membros e a resolvê-los, o que deve ser proposto, a fim de conseguir a manutenção da sociedade, por meio da conservação de seus membros. De forma concisa, pode-se dizer que a norma jurídica encerra um critério de avaliação da conduta social do homem orientado a conservar a vida social".[150]

Portanto, o objetivo das pesquisas jurídicas normativas é demonstrar a natureza das coisas, o que se consente e o que se proíbe, quais são as hipóteses contraditórias e quais são as realizáveis, investigando as consequências obrigatórias dos pressupostos lógicos e dos litígios

---

[149] CAÑIZARES, Fernando Diego. *Teoria del Estado*. La Habana: Pueblo y Educación, 1979, p. 121.

[150] AQUILINO Iglesia, Ferreirós. *La creación del Derecho. Una historia de la formación de un derecho estatal español*. Signo, España, 1992, p. 62.

que se geram.

O pesquisador deve analisar o que sucederia em cada caso, segundo a natureza do direito ou instituto amparado e regulado; por exemplo, no caso do Direito Civil, se analisaria o concernente aos princípios gerais desse ramo e aos institutos do Direito: propriedade, obrigação, contrato, família e sucessão. Tais institutos devem conter regras suficientes para proteger as relações jurídicas e para possibilitar a solução dos litígios, pois, "independentemente da redação escrita das regras, as normas jurídicas se identificam com as condutas dos homens, porque elas devem ser observadas para evitar que dentro de uma determinada sociedade haja litígios que perturbem a convivência social".[151]

Assim, durante a análise normativa decompomos as normas jurídicas para facilitar o estudo estrutural das mesmas, ou seja, dos elementos que possibilitam a aplicação da norma jurídica: fatos previstos que dão origem a uma relação jurídica entre duas ou mais pessoas, o dever jurídico fixado, direitos e obrigações e as consequências do inadimplemento (sanção jurídica).

Sob o princípio de que por meio de umas normas pode-se conhecer e determinar o espírito das outras, compara-se o dispositivo sujeito à exegese com outros das leis diversas, mas referentes ao mesmo objeto.

Deve confrontar-se o texto sujeito a exame com os restantes, da mesma lei ou de leis congêneres, isto é, com as disposições relativas ao assunto, quer se encontrem no Direito nacional, quer no estrangeiro; procura-se e revela-se a posição da regra normal no sistema jurídico hodierno, considerado no seu complexo.[152]

Deve-se procurar as semelhanças e diferenças existentes na formulação das regras pertencentes às legislações dos diferentes sistemas jurídicos: estrutura, classificações etc. Assim mesmo, examine o texto em si, o seu sentido, o significado de cada vocábulo. Faça depois obra de conjunto; compare-o com outros dispositivos da mesma lei, e com os de leis diversas, do país ou de fora. Indague qual o fim da inclusão da regra no texto, e examine-o tendo em vista o objetivo da lei toda e do Direito em geral. Determine por esse processo o alcance da norma jurídica, e, assim, realize, de modo completo, a obra moderna do hermeneuta.[153]

Todo procedimento consiste em estabelecer as diferenças dos elementos vistos numa e

---

[151] *Ibid.*, p 63.
[152] MAXIMILIANO, Carlos. *Hermenêutica e Aplicação do Direito. Op. cit.*, p. 131.
[153] *Ibidem.*

em outra legislação (nacional e estrangeira), visando chegar a conclusões comparativas. Aconselha-se nesse sentido determinar, estudar e confrontar a estrutura das normas que integram o Direito nacional e o estrangeiro, a saber:

1. Hipótese jurídica ou fato jurídico: conjunto de condições previstas ou circunstâncias reais: de *fato* (exemplo: o nascimento e a morte de uma pessoa) cuja realização produz efeitos jurídicos, ou de *direito* (de ordem estritamente jurídica apresentadas sempre em forma de qualificação jurídica de um fato, exemplo: determinação da nacionalidade, a validade do ato jurídico ou a existência de um direito);

2. Disposição (parte da estrutura da norma que estabelece o comportamento que se exige ou permite quando se produzem as circunstâncias previstas nas hipóteses);

3. Consequências jurídicas ou sanção: medida coercitiva estabelecida contra quem não cumpra os deveres ou obrigações, a qual pode ter natureza penal, civil (patrimonial), administrativa, disciplinar etc., ainda que não seja evidenciada como uma consequência posterior aplicável.

Observe-se que a consequência jurídica ou sanção se refere ao próprio efeito que a lei atribui ao fato hipotético, ainda que, como já explicamos, ocasionalmente uma norma jurídica possa nos ser apresentada sem sanção apreciável, já que em alguns casos o legislador somente declara ou reconhece uma situação, utilizando a estrutura fato-consequência, entendendo-se por consequência a sanção do legislador

Portanto, tecnicamente, durante o desenvolvimento da comparação normativo-institucional, estaremos confrontando as *definições, comportamentos, direitos e obrigações, fatos jurídicos, circunstância reais* e *sanções* estabelecidos nas proposições jurídicas. Veja-se, como exemplo, o “estudo de caso IV”.

O resumo jurídico comparativo, sendo *resultado* da execução da comparação jurídico-institucional, elabora-se a partir da conclusão comparativa alcançada, depois de: identificar, caracterizar e classificar o grupo de normas que serão objeto de estudo e comparação, com o objetivo de avaliar tecnicamente a pertença de tais normas a um conjunto de legislações e institutos comparáveis e determinar as diferenças e semelhanças existentes entre normas situadas no mesmo nível hierárquico. Assim, verificamos a existência ou não existência de normas afins, através da análise e se elabora o resumo comparativo com o auxílio da síntese.

Vale consignar que os resultados dos estudos comparativos não necessariamente têm de validar ou provar as hipóteses estabelecidas no planejamento inicial das pesquisas. Na verdade, estes resultados podem não provar ou estar em contraposição a tais hipóteses.

Os resultados comparativos nos permitem avaliar objetivamente se são realmente viáveis os empréstimos recíprocos entre sistemas ou ordens jurídicas para regular e proteger as relações jurídicas e resolver os litígios internos e internacionais. Neste aspecto, nos ensina Norberto Bobbio que em toda ordem moderna podem existir casos que se resolvem aplicando ordens estrangeiras. Como se vê, este é um caso bastante claro e de enorme interesse prático, de reenvio de uma ordem para outra e, mais precisamente, de reenvio entre duas ordens que têm diverso âmbito de validade espacial.[154]

Porém, durante a comparação normativo-institucional, não só verificamos a possibilidade de aplicação das normas do Direito estrangeiro, pois a maior utilidade deste tipo de comparação está na tomada de experiência das regulações estrangeiras para, durante o processo de elaboração legislativa, aproximar o Direito nacional do Direito contemporâneo, isto é, às novas tendências normativo-institucionais pelas quais proteger e regular situações de Direito nacionais similares. Que sirvam de exemplos os "estudos de caso V e VI" na procura de tais experiências.

Poder-se-á observar, nesses "estudos de casos V e VI", que, ainda se reprovando as afirmações hipotéticas que orientaram o processo de pesquisa, os resultados das comparações institucionais têm um valor e utilidade teórico-prática extraordinários, pois, por meio deles, cientificamente estaremos em condições de avaliar e demonstrar:

1. a existência de problemas na redação das normas, tais como: ambiguidade e contradições;

2. a falta de correlação entre as regras redigidas e os princípios gerais do Direito;

3. a existência nas normas de palavra (termos) com pluralidade de significados;

4. a contradição com outras normas de igual hierarquia e validade (vigência);

5. a existência de diferenças e semelhanças entre as regras jurídicas das legislações comparadas;

6. a divergência entre o significado atribuído à norma e a finalidade do instituto ao qual pertence (objetivos políticos, sociais e econômicos que ela deve satisfazer).

Em suma, "considerando a possibilidade de empréstimos recíprocos sem comprometer

---

154 BOBBIO Norberto. *Teoría General del Derecho. Op. cit.*, p. 255.

o sistema podemos enfrentar as seguintes situações:

- *Indiferença*: Entende-se aquela situação na qual uma ordem considera lícito o que em outra é obrigatório.

- *Rejeição*: Por situações de rejeição entendem-se aquelas nas quais uma ordem considera proibido o que para outra é obrigatório (ou vice-versa).

- *Absorção*: Por situações de absorção entendem-se aquelas nas quais uma ordem considera proibido o que para outro é obrigatório. Esta última situação pode assumir duas formas, que denominamos reenvio formal e material (reenvio ou recepção): procedimento pelo qual uma ordem renuncia a regular uma matéria determinada e acolhe a regulamentação estabelecida por fontes normativas pertencentes a outra ordem; por recepção entende-se o procedimento pelo qual uma ordem incorpora em seu próprio sistema a regulamentação normativa de uma matéria dada na forma como está estabelecida noutra ordem".[155]

5.4. Comparação teórico-doutrinária

Considera-se doutrina o conjunto de teorias, opiniões e critérios formulados sobre determinado assunto, que é resultado de estudos científicos desenvolvidos por diversos autores, tratadistas, historiadores e que tem como objetivo fundamental facilitar a compreensão, a interpretação e aplicação da ciência.

Um pesquisador aborda um problema científico apoiando-se na teoria, isto é, numa estrutura organizada de conceitos científicos que previamente existem. Essa a razão por que pode entregar a outros a tarefa de adequar sua contribuição ao quadro geral do conhecimento científico.[156]

Já a doutrina jurídica, ensina Maria Helena Diniz, "é formada pela atividade dos juristas, ou seja, pelos ensinamentos dos professores, pelos pareceres dos jurisconsultos, pelas opiniões dos tratadistas [...]. Assim, a doutrina decorre da atividade científico-jurídica, isto é, dos estudos científicos realizados pelos juristas, na análise e sistematização das normas

---

[155] *Ibid.*, pp. 247-248.
[156] POPPER, Karl Raimund. *A lógica da pesquisa científica*. *Op. cit.*, p. 23.

jurídicas, na elaboração das definições dos conceitos jurídicos, na interpretação das leis, facilitando e orientando a tarefa de aplicar o direito, e na apreciação da justiça ou conveniência dos dispositivos legais, adequando-os aos fins que o direito deve perseguir, emitindo juízos de valor sobre o conteúdo da ordem jurídica, apontando as necessidades e oportunidades das reformas jurídicas".[157]

Do ponto de vista teórico os estudos da doutrina desempenham um papel importante nas pesquisas comparadas, por serem considerados estudos de caráter científico realizados acerca da evolução e do significado das instituições jurídicas, os quais fornecem conceitos, críticas, teorias e classificações, que permitem a interpretação, comparação e a aplicação do Direito. Como afirma Pontes de Miranda, a doutrina tende a fazer do Direito ciência da lógica individual que domina a massa e a opinião.[158]

Para Pedro Demo a discussão de uma definição conceitual é uma forma possível de pesquisa teórica, de grande relevância para a formação científica. Na verdade, sua importância está na formação de quadros teóricos de referência, que são contextos essenciais para o pesquisador movimentar-se. Assim, segundo o autor, alguns procedimentos são fundamentais para a formação de um quadro teórico de referência. Um primeiro pode ser o domínio dos clássicos de determinada disciplina. Eles trazem a acumulação já feita de conhecimento, as polêmicas vigentes, a cristalização de certa prática de investigação, o ambiente atual da discussão em torno do assunto, e assim por diante. O conhecimento criativo dos clássicos – não a mera leitura passiva ou a de discípulo ingênuo – é uma das formas mais comuns de pesquisa teórica.[159]

Assim, a pesquisa e comparação teórico-doutrinária, embora muito vinculada à comparação normativo-institucional, será o resultado da confrontação do Direito, através de um "sistema de conceito". A comparação teórico-doutrinária nos permite determinar a unidade conceitual, isto é, a construção teórico-doutrinária que também é de grande utilidade para a aplicação das normas e a solução dos problemas jurídicos. Aqui, é importante ressaltar que, como bem concluiu Karl Popper, "não são as palavras e seus significados que devem ser estudados, mas as questões de fato: as teorias e problemas que elas colocam e resolvem. Como teoria, o próprio autor considera que elas são redes, lançadas para capturar aquilo que

---

157 DINIZ, Maria Helena. *Compêndio de introdução à ciência do Direito*. 11. ed. atualizada. *Op. cit.*, pp. 309-310.

158 MIRANDA, Pontes de. *Sistema de Ciência Positiva do Direito*. *Op. cit.*, p. 39.

159 DEMO, Pedro. *Introdução à Metodologia da Ciência*. *Op. cit.*, p. 23.

denominamos 'o mundo': para racionalizá-lo, explicá-lo e dominá-lo".[160]

Do ponto de vista prático, a doutrina jurídica é de suma importância para o juiz e para o legislador, quando são consideradas científicas as afirmações sobre o direito que foram feitas pelos juristas; para o juiz, no momento da interpretação normativa, e para o legislador, durante a elaboração dos projetos de leis. Nesse sentido, a doutrina tem um extraordinário valor para o processo de transformação jurídica.

Em essência, através da doutrina tende-se a facilitar a criação, interpretação, explicação e aplicação do Direito e, por essas razões, em diversas legislações se valida sua importância, ao permitir-se ao juiz de Direito observá-la, nos casos em que existam lacunas jurídicas, no momento da solução dos litígios jurídicos. Por exemplo, tal importância se verifica nos seguintes instrumentos jurídicos:

1. No artigo 1.º do Código Civil espanhol se estabelece que: "*La jurisprudencia complementará el ordenamiento jurídico con la doctrina que, de modo reiterado, establezca el Tribunal Supremo al interpretar y aplicar la ley, la costumbre y los principios generales del derecho.*"

2. Na ordem jurídica colombiana[161] existe uma disposição similar estabelecida no artigo 8º, da Lei 153 de 1887: "*Cuando no hay ley exactamente aplicable al caso controvertido, se aplicarán las leyes que regulen casos o materias semejantes, y en su defecto, la doctrina constitucional y las regras generales de derecho.*"

3. No artigo 2.º do Código Civil português (norma jurídica referida ao assentos) se dispôs que: "*Nos casos declarados na lei, podem os tribunais fixar, por meio de assentos, doutrina com força obrigatória geral.*" Mas o Acórdão do Tribunal Constitucional n.º 743/96 (publicado no DR de 18 de julho de 1996) declarou a inconstitucionalidade, com força obrigatória geral, da norma do artigo 2.º do Código Civil, na parte em que atribui aos tribunais competência para fixar doutrina com força obrigatória geral, por violação do disposto no artigo 115.º, n.º 5, da Constituição. (Revogado pelo Decreto-lei n.º 329-A, de 12-12-95.)

---

[160] POPPER, Karl Raimund. *A lógica da pesquisa científica*. *Op. cit.*, pp. 15, 61.
[161] BOBBIO Norberto. *Teoría General del Derecho*. *Op. cit.*, p. 223.

Vale consignar que, de acordo com a inegável evolução da ciência do Direito, os critérios ou opiniões também mudam, modificando-se e adaptando-se os conceitos à nova realidade socioeconômica. Essa problemática estimula o interesse em, fundamentalmente, determinar parecença e divergências ou desacordos (discrepâncias teórico-doutrinárias) existentes entre as teorias: conceitos, classificações, princípios e interpretações jurídicas. Nesse sentido, consideramos de grande valor doutrina para as pesquisas jurídicas, por ser fonte de conhecimento jurídico.

5.4.1. Procedimento para a comparação teórico-doutrinária

O estudo e confrontação teórico-doutrinário desenvolve-se a partir das formulações teóricas e doutrinárias feitas sobre cada parte componente das famílias ou ramos de Direito. Assim, em forma geral observamos e estudamos as teorias (conceitos, terminologias, classificações, interpretações, correlações e generalizações científico-jurídicas etc.) para logo generalizá-las, tomando como base as diferenças entre os critérios já formulados por diferentes autores (doutrinadores). Vejam-se os exemplos propostos no “estudo de caso VII”.

As conclusões das comparações teórico-doutrinárias podem ser de índoles diversas. Ao reunir, analisar e confrontar os critérios doutrinários relativos a qualquer assunto escolhido, o pesquisador poderá generalizar teorias, isto é, constatar se existem teorias capazes de descrever ou explicar o significado de um instituto jurídico, ou se existem generalizações que esclareçam a natureza científico-jurídica dessa parte do Direito que estudamos.

Em suma, todo pesquisador inicia o processo de conhecimento e solução dos problemas científicos por meio dos estudos teóricos. Assim, comparando as teorias científicas, tenta-se tirar conclusões através das quais se expliquem as causas dos fenômenos e as relações existentes entre eles, dando desta forma objetividade às diversas concepções jurídicas. Mas, para conseguir tudo isso, o cientista deve:

1. Transitar pela observação da realidade jurídica: fatos, situações jurídicas, norma e valor;

2. Mergulhar no pensamento abstrato para: *a)* imaginar a melhor forma de construir o

Direito por meio do qual se dê adequada proteção às relações jurídicas e solução aos conflitos derivados delas, *b)* formular e reformular teorias (conceitos e doutrinas) que sirvam de base para a interpretação e explicação das realidades jurídicas;

3. Regressar finalmente à prática para avaliar a eficácia, funcionalidade ou operacionalidade e vigência do Direito aplicável.

Nesse sentido, a comparação teórico-doutrinária nos permite confrontar as interpretações teóricas previamente formuladas: conceitos, opiniões, classificações, interpretações etc., e determinar a relação de semelhança, diferença, ou talvez rejeições sobre um determinado assunto jurídico. Dessa forma, através das generalizações científicas e das conclusões teórico-doutrinárias verificamos a magnitude das discrepâncias e coincidências existentes entre teorias (critérios e doutrinas vizinhas) formuladas sobre um determinado assunto.

CAPÍTULO 6

PRÁTICA DA COMPARAÇÃO JURÍDICA: ESTUDO DE CASOS

A metodologia para a comparação de direitos, ora explicada de forma prática e exemplificada através de diversos "casos" nesta segunda parte da obra, de fato, é de interesse permanente dos cientistas e operadores do Direito: juízes, advogados, promotores, professores, e especialmente dos juristas e pesquisadores que no dia-a-dia precisamos lidar com legislações estrangeiras. Destarte, esperamos que a matéria que a seguir expomos sirva de orientação e ajuda permanente durante a execução das difíceis tarefas que a comparação de direitos nos impõe.

– **ESTUDO DE CASOS I** – DA HIERARQUIA E COERÊNCIA ENTRE NORMAS JURÍDICAS

A lei é escrita para um universo social geral: todos os cidadãos, todos os funcionários públicos, todos os compradores, todos os vendedores etc. Por isso, torna-se necessário que as normas, sendo coerentes, dêem conformação uma estrutura sistemática, isto é, um sistema. Uma norma isolada e distante de outra, ou outras, não é uma norma válida e, portanto, o seu texto é carente de legibilidade, compreensão, interpretação e integração jurídica.

O exemplo seguinte serve para ilustrar como poderia ser concebida a estrutura hierárquica, coerente e sistemática das normas.

Exemplo único: Da proteção dos direitos dos consumidores e usuários nos Sistemas de Direito espanhol e brasileiro.

A – Sistema de Direito brasileiro:

NORMAS SUPERIORES
Art. 5.º, inciso XXXII, 170, inciso V, da Constituição da República Federativa do Brasil de 5.10.1988 e art. 48 de suas Disposições Transitórias

↓ ↓

NORMAS INFERIORES
Arts. 1.º, 2.º e 3.º da Lei n.º 8.078, de 11 de setembro de 1990 (Código de Defesa do Consumidor Brasileiro)

NORMAS SUPERIORES - Art. 5.º, inciso XXXII, 170, inciso V, da Constituição da República Federativa do Brasil e art. 48 de suas Disposições Transitórias:

a) Artigo 5.º, inciso XXXII da Constituição da República Federativa do Brasil: "*Todos são iguais perante a lei, sem distinção de qualquer natureza, garantindo-se aos brasileiros e aos estrangeiros residentes no País a inviolabilidade do direito à vida, à liberdade, à igualdade, à segurança e à propriedade, nos termos seguintes:*

....

XXXII – o Estado promoverá, na forma da lei, a defesa do consumidor."

b) Artigo 170, inciso V, da Constituição da República Federativa do Brasil: "*A ordem econômica, fundada na valorização do trabalho humano e na livre iniciativa, tem por fim assegurar a todos existência digna, conforme os ditames da justiça social, observados os seguintes princípios:*

....

V – defesa do consumidor."

c) Artigo 48 das Disposições Transitórias da Constituição da República Federativa do Brasil: "*O Congresso Nacional, dentro de cento e vinte dias da promulgação da Constituição, elaborará código de defesa do consumidor.*"

NORMAS INFERIORES - Arts. 1.º, 2.º e 3.º da Lei n.º 8.078, de 11 de setembro de 1990 (Código de Defesa do Consumidor brasileiro):

– *Art. 1.º O presente Código estabelece normas de proteção e defesa do consumidor, de ordem pública e interesse social, nos termos dos arts. 5.º, inciso XXXII, 170, inciso V, da Constituição Federal e art. 48 de suas Disposições Transitórias."*

– *Art. 2.º Consumidor é toda pessoa física ou jurídica que adquire ou utiliza produto ou serviço como destinatário final.*

Parágrafo único. Equipara-se a consumidor a coletividade de pessoas, ainda que indetermináveis, que haja intervindo nas relações de consumo.

– *Art. 3.º Fornecedor é toda pessoa física ou jurídica, pública ou privada, nacional ou estrangeira, bem como os entes despersonalizados, que desenvolvem atividades de produção, montagem, criação, construção, transformação, importação, exportação, distribuição ou comercialização de produtos ou prestação de serviços.*

§ 1.º Produto é qualquer bem, móvel ou imóvel, material ou imaterial.

§ 2.º Serviço é qualquer atividade fornecida no mercado de consumo, mediante remuneração, inclusive as de natureza bancária, financeira, de crédito e securitária, salvo as decorrentes das relações de caráter trabalhista.

B – Sistema de Direito espanhol:

NORMA SUPERIOR
Art. 51. 1. da Constituição espanhola de 1978

NORMAS INFERIORES
Arts. 1.º e 2.º da Lei n.º 26 de 19 de julho de 1984 (*Ley General para la Defensa de los Consumidores y Usuarios española*)

NORMA SUPERIOR – Art. 51. 1. da Constituição espanhola de 1978: "*Los poderes públicos garantizarán la defensa de los consumidores y usuarios, protegiendo mediante procedimientos eficaces, la seguridad, la salud y los legítimos intereses económicos de los mismos.*

2. Los poderes públicos promoverán la información y la aducación de los consumidores y usuarios, fomentarán sus organizaciones y oirán a éstas en las cuestiones que puedan afectar a aquéllos, en los términos que la ley establezca.

3. En el marco de lo dispuesto por los apartados anteriores, la ley regulará el comercio interior y el régimen de autorización de productos comerciales."

NORMAS INFERIORES – Arts. 1.º e 2.º da Lei n.º 26 de 19 de julho de 1984 (Ley General para la Defensa de los Consumidores y Usuarios española): "*Son consumidores o usuarios las personas físicas o jurídicas que adquieren, utilizan o disfrutan como destinatarios finales, bienes muebles o inmuebles, productos, servicios, actividades o funciones, cualquiera que sea la naturaleza pública o privada, individual o colectiva de quienes los producen, facilitan, suministran o expiden.*"

Logra-se a conclusão comparativa, por meio da "observação" e "indução", isto é, observando os preceitos normativos, com a finalidade de descobrir a relação de subordinação existente entre as normas jurídicas (com relação ao critério de validade). Deve-se repetir tal processo, sempre que necessário, tantas vezes quantas sejam as legislações nacionais e estrangeiras comparadas, para logo generalizar com base nas semelhanças e diferenças existentes entre as ordens ou sistemas jurídicos estudados.

– Comentários sobre a estrutura e composição sistemáticas da Lei n.º 8.078, de 11 de setembro de 1990 (Código de Defesa do Consumidor brasileiro).

O Código de Defesa do Consumidor brasileiro regula a proteção do consumidor e dá outras providências. Assim, estruturalmente, este instrumento jurídico conta com 119 artigos, distribuídos em seis (6) Títulos, com seus correspondentes Capítulos e Seções.

Como se viu no exemplo anterior, o Título I, referente aos direitos do consumidor, contém Disposições Gerais (Capítulo I), através das quais se define o caráter geral das normas do Código (normas de ordem pública e de interesse social), em correspondência ao disposto no artigo 5.º, inciso XXXII, 170, inciso V, da Constituição da República Federativa do Brasil e com o artigo 48 de suas Disposições Transitórias.

Nos primeiros artigos define-se a Política Nacional das Relações de Consumo (Capítulo II, artigos 4 e 5) e se estabelecem os Direitos Básicos do Consumidor (Capítulo III, artigos 6 e 7).

Entendemos que o legislador brasileiro, no artigo 1.º, fez referência à natureza das normas de proteção e defesa do consumidor, vinculando-as à ordem pública e ao interesse social, nos mesmos termos estabelecidos no artigo 5.º, inciso XXXII, 170, inciso V, da Constituição da República Federativa do Brasil e no artigo 48 de suas Disposições Transitórias, fazendo assim uma remissão à citada disposição.

Art. 1.º O presente Código estabelece normas de proteção e defesa do consumidor, de ordem pública e interesse social, nos termos dos arts. 5.º, inciso XXXII, 170, inciso V, da Constituição.

Desta forma, o legislador atribuiu caráter de Lei ao Código de Defesa do Consumidor, assentando regras, através do citado artigo 1.º, para declarar a subordinação do mesmo às normas jurídicas constitucionais, relacionando seu conteúdo com as regras dos artigos 5.º, inciso XXXII, 170, inciso V e 48 das Disposições Transitórias da Constituição (aspecto que certifica a validade das normas do próprio Código).

Igualmente, verifica-se, que na própria Constituição (artigo 170) se dispõe que a ordem econômica da nação se funda na valoração do trabalho humano e na livre iniciativa, tendo por finalidade assegurar a todos a existência digna, conforme os ditames da justiça social, observando os seguintes princípios:

a) soberania nacional;

b) propriedade privada;

c) função social da propriedade;

d) livre concorrência;

e) defesa do consumidor;

f) defesa do meio ambiente;

g) redução das desigualdades regionais e sociais;

h) pleno emprego;

i) tratamento favorecido para as empresas de pequeno porte constituídas sob lei brasileira e que tenham sua sede e administração no país.

Pelas mesmas razões, no artigo 48 das Disposições Transitórias da Constituição, ficou estabelecido que o Congresso Nacional, dentro de 120 dias da promulgação da mesma, elaboraria o Código de Defesa ao Consumidor ainda vigente.

Os artigos 2.º e 3.º definem juridicamente os sujeitos ou partes da relação jurídica de consumo. Considera-se consumidor a pessoa física ou jurídica que adquire ou utiliza produtos ou serviços como destinatário final e, como *fornecedor*, toda pessoa física ou jurídica, pública ou privada, nacional ou estrangeira, bem como entes despersonalizados, que desenvolvem atividades de produção, montagem, criação, construção, transformação, importação, exportação, distribuição ou comercialização de produtos os serviços.

Art. 2.º Consumidor é toda pessoa física ou jurídica que adquire ou utiliza produto ou serviço como destinatário final.

Parágrafo único. Equipara-se a consumidor a coletividade de pessoas, ainda que indetermináveis, que haja intervindo nas relações de consumo.

Art. 3.º Fornecedor é toda pessoa física ou jurídica, pública ou privada, nacional ou estrangeira, bem como os entes despersonalizados, que desenvolvem atividades de produção, montagem, criação, construção, transformação, importação, exportação, distribuição ou comercialização de produtos ou prestação de serviços.

Assim, *fornecedor* é a pessoa que desenvolve atividades de produção, montagem, criação, construção, transformação, importação, exportação, distribuição ou comercialização de produtos ou prestação de serviços.

O objeto mediato das relações jurídicas protegidas é o produto e o serviço, como dispõe o parágrafo 2º do artigo 3º, do Código de Defesa do Consumidor: "*Produto é qualquer bem, móvel ou imóvel, material ou imaterial. Serviço é qualquer atividade fornecida no mercado de consumo, mediante remuneração, inclusive as de natureza bancária, financeira, de crédito e securitária, salvo as decorrentes das relações de caráter trabalhista.*"

Regulamentam-se no Capítulo IV a qualidade dos produtos e serviços e a prevenção e reparação dos danos (artigos 8-28), as práticas comerciais (artigos 29-44), a oferta, publicidade, práticas abusivas, cobranças de dívidas e bancos de dados, a proteção contratual (artigos 46-60), e as regras sobre as infrações penais (artigos 61-80) e sobre a defesa do consumidor em juízo (artigos 81-90).

Regulamentam-se as ações coletivas para a defesa dos interesses individuais homogêneos (artigos 91-100), as ações de responsabilidade do produtor (*fornecedor*) de produtos e serviços (artigos 101 e 102), as regras sobre a coisa julgada (artigos 103 e 104), as regras referidas ao Sistema Nacional de Defesa do Consumidor (artigos 105 e 106), a convenção coletiva de consumo (artigo 107) e estabelecem-se Disposições Finais (artigos 110-119).

Como resultado da análise da estrutura do Código do Consumidor brasileiro, avaliamos tal instrumento jurídico como Lei complexa, por reunir normas de diversas naturezas, isto é, características próprias do Direito material, processual, administrativo, civil, penal e comercial.

O caráter de lei do Código de Defesa do Consumidor coloca suas normas no mesmo nível das do Novo Código Civil brasileiro, Código de Comércio, Código Penal, e de outros instrumentos jurídicos (leis), de igual hierarquia e validade jurídica, estando somente subordinado à Constituição da República Federativa de Brasil.

– Comentário sobre a estrutura e composição sistemáticas da Lei n.º 26 de 19 de julho de 1984 (Ley General para la Defensa de los Consumidores y Usuarios española).

Na legislação espanhola reguladora da matéria, citam-se, entre outros, os artigos 1º e 2º, da Lei n.º 26 de 19 de julho de 1984 (*Ley General para la Defensa de los Consumidores y Usuarios española*). Mediante esses artigos definem-se os consumidores como: "*as pessoas físicas ou jurídicas que adquirem, utilizam ou desfrutam como destinatários finais bens móveis ou imóveis, produtos, serviços, atividades ou funções, qualquer que seja a natureza pública ou privada, individual ou coletiva de quem os produz, facilita, fornece ou expede*".

Dessa maneira, não são considerados consumidores as pessoas que adquirem os bens ou serviços na qualidade de profissionais e empresários, mas quando os mesmos adquirem tais bens ou serviços para satisfazer necessidades pessoais.

Na própria Lei n.º 26 de 19 de julho de 1984 se estabelece um sistema de responsabilidade objetiva. Tal consideração deriva da interpretação do artigo 25 da citada lei, onde se dispõe que o dano derivado do consumo de bens ou utilização de produtos deve ser indenizado. Porém, a regra geral reconhecida em tal lei é a da responsabilidade por culpa, pois o artigo 26 da lei permite ao produtor se eximir da responsabilidade, se provar que atuou com toda a diligência exigível.

Torna-se difícil tomar partido nessa discussão, às vezes normativa, às vezes doutrinária, pois a redação dos artigos 25-28 da lei se mostra tecnicamente deficiente ao misturar problemas relativos à responsabilidade contratual (artigo 27) e à responsabilidade extracontratual.

Fazendo uma interpretação integradora, parece mais adequado entender que, para uma correta proteção do consumidor, a norma sobre a responsabilidade prevista na vigente Lei estabelece uma responsabilidade de tipo objetiva. Porém, tal norma jurídica deve-se interpretar de acordo com suas finalidades; assim, a caracterização objetiva da responsabilidade do produtor é a que mais se ajusta à proteção do consumidor espanhol.

No artigo 28 da lei estudada estabelece-se um sistema de responsabilidade objetiva absoluta o por risco. Desta forma, consideram-se protegidos pela norma da "*Ley General para la Defensa de los Consumidores y Usuarios*": *el consumidor y el usuario*.

De acordo com o artigo 26 da "*Ley General para la Defensa de los Consumidores y Usuarios*", são sujeitos responsáveis as pessoas que produzem, importam, fornecem ou facilitam produtos ou serviços aos consumidores ou usuários, as quais respondem por todo tipo de danos causados por defeito do produto ou serviço. Isto é, são indenizáveis todos os danos causados a pessoas e a coisas derivados da utilização de um produto, incluídos os morais. Não se incluem aqui os danos causados ao próprio produto, que têm uma solução distinta no artigo 11. Por defeito cabe entender os danos de fabricação, conservação, construção, instrução, informação e qualquer outro. Não se incluem aqueles danos que não teriam podido ser previstos dada a situação da tecnologia e da ciência no momento em que se elabora e fabrica o produto ou se presta o serviço.

A prevenção do prejuízo ao consumidor se consegue por meio de duas vias:

1. A prévia, de maneira que se impedem as limitações absolutas da responsabilidade do produtor ou prestador de serviço (artigo 10) e proíbem-se as renúncias aos direitos do consumidor ou usuário;

2. A posterior à produção do dano, de maneira que o prejudicado tem direito a ser indenizado pelos danos que tenha sofrido. Pode reclamar essa indenização na via judicial, ou arbitral, através da arbitragem de consumo prevista no artigo 31.

Não se estabelece na citada lei prazo para a prescrição de ação de reclamação; a tendência jurisprudencial é a de considerar que tais casos devem receber o tratamento correspondente à responsabilidade extracontratual e, portanto, o prazo de prescrição da ação de reclamação será de um ano a partir da produção do dano.

O consumidor tem a garantia da solidariedade dos responsáveis e a do seguro obrigatório e o fundo de garantia, previsto no artigo 30. O fabricante ou prestador de serviços não tem responsabilidade nos seguintes casos:

a) Quando houver caso fortuito ou força maior;

b) Quando houver culpa exclusiva da vítima;

c) Quando os bens forem utilizados ou consumidos de maneira incorreta, sem observar as instruções para o uso concreto do produto.

Considera-se a responsabilidade:

a) objetiva;

b) solidária, de modo que os responsáveis respondem solidariamente frente ao prejudicado;

c) concorrente, porque não exclui outro possível tipo de ações que possam corresponder;

d) imperativa, de maneira que são nulas as cláusulas de exoneração da responsabilidade;

e) limitada, pois se estabelecem os limites econômicos nos que podem consistir as indenizações.

Os sujeitos protegidos pela Lei n.º 26 de 19 de julho de 1984 serão aqueles que adquirem produtos ou utilizam serviços públicos (gás, eletricidade) causadores do dano. Contudo, são considerados sujeitos responsáveis:

a) fabricante, entendido no sentido estabelecido no artigo 4.º da mencionada lei, isto é, quem fabrica o produto ou produz um elemento integrado em um produto, quem fabrica insumo ou qualquer sujeito que, ante o público, tenha a aparência de fabricante;

b) importador que introduz um produto da União Européia, para sua venda, arrendamento ou qualquer outra forma de distribuição;

c) fornecedor do produto, sendo o fabricante não identificado.

Para se considerar a existência de prejuízos requer-se a existência de uma relação de causalidade entre o produto e o dano causado. Assim, os danos causados poderão ser:

a) morte do prejudicado;

b) lesões corporais.

O prejudicado, já vimos, deve provar o defeito do produto, o dano produzido e a relação da causalidade existente entre dano e defeito.

A responsabilidade objetiva imposta por esta lei não é absoluta, pois a própria lei estabelece causas de exoneração. As causas de exoneração não atuam automaticamente; requerem a prova de alguns desses extremos:

a) que o produto não tenha sido posto em circulação, ou que não se tenha fabricado para sua venda ou distribuição, exemplos: protótipos e ensaios.

b) que a causa ou defeito causador do dano provenha da culpa do prejudicado ou do distribuidor. É possível que o defeito não existisse no momento de se pôr em circulação o produto; portanto, é permitido supor que o defeito causador do dano provém da culpa do prejudicado ou do distribuidor.

c) que na elaboração do produto se seguiram estritamente as normas imperativas existentes.

d) que o estado da ciência e da tecnologia, no momento da fabricação, não permitia fabricar outro tipo de produto. Assim, entende-se que o produto não poderá ser considerado defeituoso pelo fato de depois entrar no comércio outro ou outros com qualidade superior.

e) que tenham transcorrido dez anos, a partir do momento em que o produto defeituoso entrou no comércio, se bem que a exoneração da responsabilidade não tem lugar se durante esse tempo foi interposta uma reclamação judicial.

A culpa de terceiros não é causa de exoneração da responsabilidade. A reclamação prescreve ao ano a contar desde o dia do pagamento da indenização.

Estabelece-se um prazo de prescrição de 3 anos a contar da produção do dano, seja pelo defeito, ou pelo dano que o defeito causou. O início do prazo de prescrição exige que seja conhecido o causador do dano; do que cabe deduzir que, quando não se conheça este causador, não se inicia o prazo, ainda que tenha ocorrido o dano. As regras para a interrupção da prescrição são as estabelecidas nos artigos 1.973-1.975 do Código Civil espanhol.

– ESTUDO DE CASOS II – DA COERÊNCIA TEXTUAL E COMPLETUDE DO DIREITO

A vontade do legislador, às vezes vista como vontade da lei, alcança relevância jurídica na medida em que os termos e conceitos usados para redigir os textos dos instrumentos jurídicos possibilitam a orientação, a regulamentação da conduta dos homens e a solução dos conflitos jurídicos nascidos das relações que estes estabelecem com o objetivo de satisfazer as necessidades materiais e espirituais.

Destarte, as palavras, os termos e os conceitos jurídicos utilizados no momento de se redigir uma lei constituem-se no objeto ou matéria principal que, direta e imediatamente, devemos observar e analisar numa norma ou regras jurídicas, levando-se em conta que a norma jurídica precisa ser redigida corretamente, pois o ordenamento das relações sociais deve ser precedido de expressões linguisticamente corretas.

Nesta perspectiva, a pesquisa jurídica comparada terá como finalidade a avaliação das possíveis imprecisões das leis que estão sendo objeto de comparação, ou seja, verificar, durante a confrontação de norma, se existem ou não obscuridades e lacunas jurídicas que limitem a interpretação e completude do Direito.

O texto da lei que não é claro, coerente e conciso não pode ser imperativo. É nesse sentido que o pesquisador sente a necessidade de começar um trabalho árduo e difícil, consistente no estudo e confrontação das diversas formas de redigir os instrumentos jurídicos (técnica legislativa).

Com o intuito de dar a conhecer como poderia ser avaliada a coerência textual e completude, através do estudo e confrontação das normas jurídicas de diversas legislações e sistemas jurídicos, mostramos a seguir os seguintes exemplos.

1. Confrontação simultânea das normas jurídicas

– **Exemplo n.º 1** – Da validade e interpretação dos atos jurídicos.

(A)	(B)
Arts. 104 e 112 da Lei n.º 10.406, de 10 janeiro de 2002 (Novo Código Civil Brasileiro)	Arts. 46, 47 e 48 da Lei n.º 8.078, de 11 de setembro de 1990 (Código de Defesa do Consumidor brasileiro)

Arts. 104 e 112 da Lei n.º 10.406, de 10 janeiro de 2002 (Novo Código Civil Brasileiro)

– Art. 104. A validade do negócio jurídico requer:

I- agente capaz;

II- objeto lícito, possível, determinado ou determinável;

III- forma prescrita ou não defesa em lei.

– Art. 112. Nas declarações de vontade se entenderá mais à intenção nelas consubstanciada do que ao sentido literal da linguagem.

Arts. 46, 47 e 48 da Lei n.º 8.078, de 11 de setembro de 1990 (Código de Defesa do Consumidor brasileiro):

– Art. 46. Os contratos que regulam as relações de consumo não obrigarão os consumidores se não lhes for dada a oportunidade de tomar conhecimento prévio de seu conteúdo, ou se os respectivos instrumentos forem redigidos de modo a dificultar a compreensão de seu sentido e alcance.

– Art. 47. As cláusulas contratuais serão interpretadas de maneira mais favorável ao consumidor.

– Art. 48. As declarações de vontade constantes de escritos particulares, recibos e pré-contratos relativos às relações de consumo vinculam o fornecedor, ensejando inclusive execução específica, nos termos do art. 84 e parágrafos.

– ***Conclusões comparativas***

Diz-se que as definições legais caíram em descrédito, pois através de muitas delas se definem mal os termos e se deforma a terminologia já reconhecida pela doutrina. Em muitos casos se chegou ao ponto de confundir o "objeto" com o "bem", a "prestação", o "patrimônio" ou as "coisas" e o "dever" com a "obrigação", a "faculdade" e o "poder", e, ainda, chegou-se a usar a denominação de um tipo de animal "vaca" no lugar de "semovente" ou de "gado maior", ao se pretender proibir o sacrifício ilegal dos mesmos e a compra e venda de sua carne etc.

De qualquer forma, através destas normas, devido à relevância social, econômica e jurídica, dá-se aos atos jurídicos uma definição e uma força de lei suficiente para considerá-los geradores de obrigações jurídicas.

Observe-se que, por ser o ato jurídico voluntário, a lei o considera válido quando se cumprem determinadas condições:

- *agente capaz;*
- *objeto lícito, possível, determinado ou determinável;*
- *forma prescrita ou não defesa em lei.*

Assim sendo, a validade das declarações de vontades não depende de forma especial e sim das exigências legais. Porém, a capacidade é determinante para que seja considerado o ato válido.

Por outro lado, a doutrina considera como ato jurídico (ilícitos) os delitos e os chamados atos dolosos ou culposos, por afirmar-se que estes se fundam na vontade e produzem efeitos jurídicos. Sem embargo, é de observar-se que a manifestação de vontade nos atos jurídicos objetiva a produção de efeitos jurídicos. Em tal sentido, é prudente analisar em separado aqueles atos que originam situações jurídicas evidentemente desejadas e que se executam com a finalidade de criar as consequências que dão lugar ao exercício de um direito derivado de uma obrigação contratual. Por isso, se o ato jurídico é uma categoria geral, mediante a qual as partes – de maneira voluntária – criam uma situação de direito desejada, os delitos ficariam fora de dita consideração, pois neles o sujeito atua voluntariamente no ato, sem visar as consequências que o mesmo ato gera, quer dizer, a sanção penal e a responsabilidade civil.

Observe-se igualmente que na Lei n.º 8.078, de 11 de setembro de 1990 (Código de Defesa do Consumidor brasileiro), regulamenta-se a declaração de vontade ao se considerar que os contratos que regulam as relações de consumo não obrigarão os consumidores se não lhes for dada a oportunidade de tomar conhecimento prévio de seu conteúdo, ou se os respectivos instrumentos forem redigidos de modo a dificultar a compreensão de seu sentido e alcance.

Assim considera-se que as declarações de vontade constantes de escritos particulares, recibos e pré-contratos relativos às relações de consumo vinculam o fornecedor, ensejando inclusive execução específica e se estabelece como regra de interpretação que as cláusulas contratuais serão interpretadas de maneira mais favorável ao consumidor.

– **Exemplo n.º 2** – Da reparação dos danos derivados dos atos ilícitos.

(A)	(B)
Art. 186 e 927 da Lei n.º 10.406, de 10 janeiro de 2002 (Novo Código Civil brasileiro)	Arts. 8, 12 e 14 da Lei n.º 8.078, de 11 de setembro de 1990 (Código de Defesa do Consumidor brasileiro)

Art. 186 da Lei n.º 10.406, de 10 janeiro de 2002 (Novo Código Civil brasileiro): *"Aquele que, por ação ou omissão voluntária, negligência, ou imprudência, violar direito e causar dano a outrem, ainda que exclusivamente moral, comete ato ilícito."*

Art. 927 da Lei n.º 10.406, de 10 janeiro de 2002 (Novo Código Civil brasileiro): *"Aquele que, por ato ilícito (arts. 186 e 187), causar dano a outrem fica obrigado a repará-lo.*

Parágrafo único: *Haverá obrigação de reparar o dano, independentemente de culpa, nos casos especificados em lei, ou quando a atividade normalmente desenvolvida pelo autor do dano implicar, por sua natureza, risco para os direitos de outrem."*

Arts. 8, 12 e 14 da Lei n.º 8.078, de 11 de setembro de 1990 (Código de Defesa do Consumidor brasileiro):

– Art. 8.º Os produtos e serviços colocados no mercado de consumo não acarretarão riscos à saúde ou segurança dos consumidores, exceto os considerados normais e previsíveis em decorrência de sua natureza e fruição, obrigando-se os fornecedores, em qualquer hipótese, a dar as informações necessárias e adequadas a seu respeito.

Parágrafo único. Em se tratando de produto industrial, ao fabricante cabe prestar as informações a que se refere este artigo, através de impressos apropriados que devam acompanhar o produto.

– Art. 12. O fabricante, o produtor, o construtor, nacional ou estrangeiro, e o importador respondem, independentemente da existência de culpa, pela reparação dos danos causados aos consumidores por defeitos decorrentes de projeto, fabricação, construção, montagem, fórmulas, manipulação, apresentação ou acondicionamento de seus produtos, bem como por informações insuficientes ou inadequadas sobre sua utilização e riscos.

§ 1.º O produto é defeituoso quando não oferece a segurança que dele legitimamente se espera, levando-se em consideração as circunstâncias relevantes, entre as quais:

I – sua apresentação;

II – o uso e os riscos que razoavelmente dele se esperam;

III – a época em que foi colocado em circulação.

§ 2.º O produto não é considerado defeituoso pelo fato de outro de melhor qualidade ter sido colocado no mercado.

§ 3.º O fabricante, o construtor, o produtor ou importador só não será responsabilizado quando provar:

I – que não colocou o produto no mercado;

II – que, embora haja colocado o produto no mercado, o defeito inexiste;

III – a culpa exclusiva do consumidor ou de terceiro.

– Art. 14. O fornecedor de serviços responde, independentemente da existência de culpa, pela reparação dos danos causados aos consumidores por defeitos relativos à prestação dos serviços, bem como por informações insuficientes ou inadequadas sobre sua fruição e riscos.

§ 1.º O serviço é defeituoso quando não fornece a segurança que o consumidor dele pode esperar, levando-se em consideração as circunstâncias relevantes, entre as quais:

I – o modo de seu fornecimento;

II – o resultado e os riscos que razoavelmente dele se esperam;

III – a época em que foi fornecido.

§ 2.º O serviço não é considerado defeituoso pela adoção de novas técnicas.

§ 3.º O fornecedor de serviços só não será responsabilizado quando provar:

I – que, tendo prestado o serviço, o defeito inexiste;

II – a culpa exclusiva do consumidor ou de terceiro.

§ 4.º A responsabilidade pessoal dos profissionais liberais será apurada mediante a verificação de culpa.

– Conclusões comparativas

Note-se a relação que existe entre as regras dos artigos 186 e 927 da Lei n.º 10.406, de 10 janeiro de 2002 (Novo Código Civil brasileiro) e as estabelecidas nos artigo 8.º, 12 e 14 do

Código de Defesa do Consumidor brasileiro.

Da análise de tal relação se verificam as insuficiências da legislação civil tradicional, pois, pelos artigos 186 e 927 do Novo Código Civil brasileiro, se estabelece que, por ação ou omissão voluntária, negligência, ou imprudência, violar direito e causar dano a outrem, ainda que exclusivamente moral, comete ato ilícito, nascendo então a obrigação da reparação, determinando-se em consequência a verificação da culpa e a avaliação da responsabilidade, segundo o estabelecido nos seguintes artigos:

Art. 942: Os bens do responsável pela ofensa ou violação do direito de outrem ficam sujeitos à reparação do dano causado; e, se a ofensa tiver mais de um autor, todos responderão solidariamente pela reparação;

Art. 948: No caso de homicídio, a indenização consiste, sem excluir outras reparações:

I – no pagamento das dispensas com o tratamento da vítima, seu funeral, o luto da família;

II – na prestação de alimentos às pessoas a quem o morto os devia, levando-se em conta a duração provável da vida da vítima.

Assim, como uma solução das insuficiências, nos artigos 8.º, 12 e 14 do Código do Consumidor brasileiro, se estabeleceram regras com as quais se destaca que os produtos e serviços colocados no mercado de consumo não acarretarão riscos à saúde ou segurança dos consumidores, exceto os considerados normais e previsíveis devido à sua natureza, obrigando-se os produtores (*fornecedores*), em quaisquer hipóteses, a dar as informações necessárias e adequadas a respeito (artigo 8º do Código de Defesa do Consumidor) e a responder, independentemente da existência de culpa, pela reparação dos danos causados aos consumidores (artigo 12 do Código de Defesa do Consumidor brasileiro).

– **Exemplo n.º 3** – Do mandato e da procuração do advogado.

(A)	(B)	(C)
Arts. 653 e 692 da Lei n.º	Art. 5º § 2.º da Lei n.º 8.906, de 4	Arts. 37 e 38 da Lei n.º 5.869, de 11

10.406, de 10 janeiro de 2002 (Novo Código Civil brasileiro)	de julho de 1994 (dispõe sobre o estatuto da Advocacia e a OAB)	de janeiro de 1873 (Código de Processo Civil)

Art. 653 da Lei n.º 10.406, de 10 janeiro de 2002 (Novo Código Civil brasileiro): *"Opera-se o mandato quando alguém recebe de outrem poderes para, em seu nome, praticar atos, ou administrar interesses. A procuração é o instrumento do mandato."*

Art. 692 da Lei n.º 10.406, de 10 janeiro de 2002 (Novo Código Civil brasileiro): *"O mandato judicial fica subordinado às normas que lhe dizem respeito, constantes da legislação processual, e, supletivamente, às estabelecidas neste Código."*

Art. 5º § 2º, da Lei n.º 8.906, de 4 de julho de 1994 (Dispõe sobre o estatuto da Advocacia e a OAB): *"O advogado postula, em juízo ou fora dele, fazendo prova do mandato.*

§ 1.º O advogado, afirmando urgência, pode atuar sem procuração, obrigando-se a apresentá-la no prazo de 15 (quinze) dias, prorrogável por igual período.

§ 2.º A procuração para o foro em geral habilita o advogado a praticar todos os atos judiciais, em qualquer juízo ou instância, salvo os que exijam poderes especiais.

§ 3.º O advogado que renunciar ao mandato continuará, durante os 10 (dez) dias seguintes à notificação da renúncia, a representar o mandante, salvo se for substituído antes do término desse prazo."

Art. 37 da Lei n.º 5.869, de 11 de janeiro de 1873 (Código de Processo Civil): *"Sem instrumento de mandato, o advogado não será admitido a procurar em juízo. Poderá, todavia, em nome da parte, intentar ação, a fim de evitar decadência ou prescrição, bem como intervir, no processo, para praticar atos reputados urgentes. Nestes casos, o advogado se obrigará, independentemente de caução, a exibir o instrumento de mandato no prazo de 15 (quinze) dias, prorrogável até outros 15 (quinze), por despacho do juiz".*

Parágrafo único. Os atos, não ratificados no prazo, serão havidos por inexistentes, respondendo o advogado por despesas e perdas e danos.

Art. 38 da Lei n.º 5.869, de 11 de janeiro de 1873 (Código de Processo Civil): *"A procuração geral para o foro, conferida por instrumento público, ou particular assinado pela parte, habilita o advogado a praticar todos os atos do processo, salvo para receber citação inicial, confessar, reconhecer a procedência do pedido, transigir, desistir, renunciar ao direito sobre que se funda a ação, receber, dar quitação e firmar compromisso."*

– ***Conclusões comparativas***

Ficou demonstrado que a procuração para o foro em geral habilita o advogado a praticar todos os atos judiciais, em qualquer juízo ou instância, salvo os que exijam poderes especiais, segundo se estabelece no artigo 5º § 2º, da Lei n.º 8.906, de 4 de julho de 1994.

Desta forma, sobre o mandato judicial se estabelece no artigo 692 que fica subordinado às normas que lhe dizem respeito, constantes da legislação processual, e, supletivamente, às estabelecidas no Código Civil.

Como se pode observar, o advogado, sem instrumento de mandato, não será admitido a procurar em juízo, pois como bem se estabelece no artigo 5.º da Lei n.º 8.906, de 4 de julho de 1994, "*o advogado postula, em juízo ou fora dele, fazendo prova do mandato*", mas poderá, todavia, em nome da parte intentar ação, a fim de evitar decadência ou prescrição, bem como intervir, no processo, para praticar atos reputados urgentes. Nestes casos, o advogado se obrigará, independentemente de caução, a exibir o instrumento de mandato no prazo de 15 (quinze) dias, prorrogável até outros 15 (quinze), por despacho do juiz. Assim, os atos não ratificados no prazo serão havidos por inexistentes, respondendo o advogado por despesas e perdas e danos.

De igual forma estabelece-se no § 1º, do próprio artigo 5.º da Lei n.º 8.906 que "*o advogado, afirmando urgência, pode atuar sem procuração, obrigando-se a apresentá-la no prazo de 15 (quinze) dias, prorrogável por igual período*".

Observe-se também a relação coerente que existe entre tais normas e o que dispõe o artigo 14 do Código de Defesa do Consumidor brasileiro.

E para uma análise maior observe-se também, para fins de comparação, o conteúdo do art. 9.º, § 3.º, da Lei n.º 9.099, de 26.9.1995 (Juizados Especiais), pelo qual se determina que o mandato ao advogado pode ser verbal, salvo quanto aos poderes especiais.

– **Exemplo n.º 4** – Do pagamento em consignação.

(A)	(B)	(C)
Arts. 334-345 da Lei n.º 10.406, de 10 janeiro de 2002 (Novo Código Civil brasileiro)	Arts. 890-900 da Lei n.º 5.869, de 11 de janeiro de 1873 (Código de Processo Civil)	Arts. 204 e 437 da Lei n.º 556, de 25 de junho de 1850 (Código Comercial brasileiro)

Arts. 334-345 da Lei n.º 10.406, de 10 janeiro de 2002 (Novo Código Civil brasileiro):

– Art. 334. Considera-se pagamento, e extingue a obrigação, o depósito judicial ou em estabelecimento bancário da coisa devida, nos casos e formas legais.

– Art. 335. A consignação tem lugar:

I – se o credor não puder, ou, sem justa causa, recusar receber o pagamento, ou dar quitação na devida forma;

II – se o credor não for, nem mandar receber a coisa no lugar, tempo e condições devidos;

III – se o credor for incapaz de receber, for desconhecido, declarado ausente, ou residir em lugar incerto, ou de acesso perigoso ou difícil;

IV – se ocorrer dúvida sobre quem deva legitimamente receber o objeto do pagamento;

V – se pender litígio sobre o objeto do pagamento;

– Art. 336. Para que a consignação tenha força de pagamento, será mister concorram, em relação às pessoas, ao objeto, modo e tempo, todos os requisitos sem os quais não é válido o pagamento.

– *Art. 337. O depósito requerer-se-á no lugar do pagamento, cessando, tanto que se efetue, para o depositante, os juros da dívida e os riscos, salvo se for julgado improcedente.*

– *Art. 338. Enquanto o credor não declarar que aceita o depósito, ou não o impugnar, poderá o devedor requerer o levantamento, pagando as respectivas despesas, e subsistindo a obrigação para todas as consequências de direito.*

– *Art. 339. Julgado procedente o depósito, o devedor já não poderá levantá-lo, embora o credor consinta, senão de acordo com os outros devedores e fiadores.*

– *Art. 340. O credor que, depois de contestar a lide ou aceitar o depósito, aquiescer no levantamento, perderá a preferência e garantia que lhe competiam com respeito à coisa consignada, ficando para logo desobrigados os co-devedores e fiadores, que não tenham anuído.*

– *Art. 341. Se a coisa devida for imóvel ou corpo certo que deva ser entregue no mesmo lugar onde está, poderá o devedor citar o credor para vir ou mandar recebê-la, sob pena de ser depositada.*

– *Art. 342. Se a escolha da coisa indeterminada competir ao credor, será ele citado para este fim, sob cominação de perder o direito e de ser depositada a coisa que o devedor escolher; feita a escolha pelo devedor, proceder-se-á como no artigo antecedente.*

– *Art. 343. As despesas com o depósito, quando julgado procedente, correrão por conta do credor, e, no caso contrário, à conta do devedor.*

– *Art. 344. O devedor de obrigação litigiosa exonerar-se-á mediante consignação, mas, se pagar a qualquer dos pretendidos credores, tendo conhecimento do litígio, assumirá o risco do pagamento.*

– *Art. 345. Se a dívida se vencer, pendendo litígio entre credores que se pretendam mutuamente excluir, poderá qualquer deles requerer a consignação.*

Arts. 890-900 da Lei n.º 5.869, de 11 de janeiro de 1873 (Código de Processo Civil):

– Art. 890. Nos casos previstos em lei, poderá o devedor ou terceiro requerer, com efeito de pagamento, a consignação da quantia ou da coisa devida.

§ 1.º Tratando-se de obrigação em dinheiro, poderá o devedor ou terceiro optar pelo depósito da quantia devida, em estabelecimento bancário oficial, onde houver, situado no lugar do pagamento, em conta com correção monetária, cientificando-se o credor por carta com aviso de recepção, assinado o prazo de 10 (dez) dias para a manifestação de recusa.

Arts. 204 e 437 da Lei n.º 556, de 25 de junho de 1850 (Código Comercial brasileiro):

– Art. 204. Se o comprador sem justa causa recusar receber a coisa vendida, ou deixar de a receber no tempo ajustado, terá o vendedor ação para rescindir o contrato, ou demandar o comprador pelo preço com os juros legais da mora; devendo, no segundo caso, requerer depósito judicial dos objetos vendidos por conta e risco de a quem pertencer.

– Art. 437. O devedor em cujo poder alguma quantia for embargada, e o comprador de alguma coisa que esteja sujeita a algum encargo ou obrigação, fica desonerado, consignando o preço ou a coisa em depósito judicial, com citação pessoal dos credores conhecidos e edital para os desconhecidos.

A citação edital não prejudica o direito dos credores desconhecidos que tiverem hipoteca na coisa vendida por tempo certo designado na lei ou no contrato, enquanto esse prazo não expirar.

– ***Conclusões comparativas***

Evidencia-se a mora como uma das causas de descumprimento das obrigações que afeta também o credor. Quando ela ocorrer, os devedores são levados a um estado indefeso.

Os credores não podem obstaculizar o cumprimento da obrigação, e, se assim ocorrer, procede-se ao pagamento por consignação.

Considera-se o pagamento por consignação como um mecanismo jurídico por meio do qual o devedor se libera, efetuando o depósito judicial da prestação devida, quando o credor não pode ou não quer recebimento do pagamento. Dessa forma, considera-se paga a dívida e extinta a obrigação através do depósito judicial dos bens.

A essência desse pagamento é a continuação do depósito dos bens, o qual tem caráter legal, regulado no Brasil pelas disposições dos artigos 334/345 do Código Civil e 890/900 do Código de Processo Civil, fixando-se que o pagamento por consignação deve ser sempre judicial, uma vez ocorrida a mora *creditoris*, com exceção do pagamento em dinheiro, cujo depósito em favor do credor poderá ser realizado à disposição deste, em estabelecimento bancário, precedentemente ao mencionado depósito judicial.

Para que se proceda à consignação dos bens objeto da obrigação, é necessário que se realize o oferecimento do pagamento aos credores e que disso resultem algumas das condições anteriomente mencionadas. Tal oferecimento consiste na declaração de vontade do devedor dirigida ao credor, onde este manifesta sua firme decisão de cumprir a obrigação, no ato ou de imediato.

O oferecimento de pagamento e a consignação dos bens não são atos arbitrários. Tais atos devem reunir as mesmas condições do cumprimento tal como se se realizasse diretamente aos credores.

Realizada a consignação, se for ela aceita pelos credores, cumprindo-se as exigências legais, adquire a condição de definitiva e irrevogável, restando liberado o devedor de toda a responsabilidade.

– **ESTUDO DE CASOS III** – DA IDENTIFICAÇÃO DO DIREITO

A identificação normativa precisa de uma análise da exposição metódica das normas no idioma. Assim, diz-se que podemos chegar a conhecer os costumes de um povo através de seus documentos escritos (instrumentos jurídicos).

O exercício constante da identificação do Direito nos permite criar habilidade para a análise das diferentes formas de redigir a lei em diferentes tempos e lugares. Tal habilidade enriquece a nossa cultura e domínio da técnica legislativa, ajudando a encontrar um estilo uniforme que nos permita o equilíbrio perfeito entre a forma e o conteúdo do Direito regulado, e a usar com exatidão as palavras com o objetivo de lograr uma correta expressão de nosso pensamento.

Conclui-se que o legislador deve redigir o texto jurídico de forma a evitar esforços desnecessários no momento da interpretação e integração jurídica. Observe-se que o primeiro intérprete da norma é o próprio legislador que a cria, e quem deve evitar seja ela considerada redundante e obscura.

Do ponto de vista qualitativo, se atendemos à natureza das palavras e à sua disposição, bem como à maior ou menor elegância e beleza da forma e do estilo, durante a identificação para a comparação jurídica é legítimo avaliar:

1. a clareza e precisão das normas, isto é, verificar: *a)* o emprego de barbarismos léxicos e sintáticos; *b)* o abuso de arcaísmos (palavras antigas empregadas com sentido novo); e *c)* presença de neologismos (palavras criadas na própria língua ou adaptadas de outras);

2. o sentido e denotação das palavras no texto; exemplos: *a)* uso do termo "morada" (moradia) como sinônimo de "lugar onde se vive", "casa", "residência", "habitação", "domicílio" etc.; *b)* uso do termo "Direito" como sinônimo de "ordem", "ordenamento social", "norma", "conjunto de instituições jurídicas", "disposição normativa", "ciência", "faculdade", "poder", "legislação"; *c)* uso do termo "resolução" como sinônimo de "instrumento jurídico", "dissolução" ou "rescisão" de um ato jurídico etc.;

3. a presença ou uso de termos unívocos, equívocos e análogos: *a)* unívocos (contêm um só sentido); exemplos: compra e venda, troca, depósito; *b)* equívocos (possuindo mais de um sentido), exemplo: sequestrar como apreender (tomar posse) bens, ou como privar alguém da liberdade de locomoção; *c)* análogos (tidos como sinônimos), exemplos: pena como sanção ou castigo, inscrição como anotação ou registro, anular como revogar, morrer como falecer, extinguir como prescrever, caducar, vencer, suspender e cessar como expirar;

4. a influência da terminologia estrangeira e latina; exemplos: a) pela influência do inglês: *test* como prova, *stock* como quantidade de mercadoria em depósito, *royalty* como direito pago ao proprietário de uma patente, *affidávit*, como declaração jurada do capitão de um navio mercante, *marketing*, como estudo ou investigação de mercado, *leasing*, como arrendamento com opção para comprar o arrendado; *b)* pela influência do francês: *parlamento,* significando lugar para discurso, tribunal judicial ou assembléia legislativa, *fortuna*, como destino, sorte ou riqueza, *affaire* como caso ou assunto; *c)* latinismos: *ab aeterno* – desde a eternidade, *ab initio* – desde o início, desde o começo, *ab intestato* – sem testamento, *abolitio criminis* – anulação do crime, *a contrario sensu* – em sentido contrário, *a priori* – sem verificação, *a quo* – do qual ou de quem (juiz ou tribunal de instância inferior, *actio* – ação, *alieni juris* – incapaz, *animus* – intenção, *bona fides* – a boa-fé, *capitis diminutio* – diminuição de capacidade, *de cujus* – o falecido, *mortis causa* – por motivo de morte, *lato sensu* – em sentido amplo, *strictu sensu* – em sentido estrito etc;

5. a existência de frases longas ou de ordem inversa nos textos;

6. o uso da pontuação, a correta adjetivação e a repetição desnecessária de palavras.

Vejam-se, a seguir, diversas maneiras de identificar as normas jurídicas para sua posterior caracterização e confrontação.

– **Exemplo n.º 1** – Da igualdade de direitos e liberdades.

SISTEMA DE DIREITO BRASILEIRO	SISTEMA DE DIREITO ESPANHOL
Art. 5.º, inciso I da Constituição da República Federativa do Brasil de 5.10.1988	Art. 14 da Constituição espanhola de 1978

Art. 5.º, inciso I da Constituição da República Federativa do Brasil de 5.10.1988: "*Todos são iguais perante a lei, sem distinção de qualquer natureza, garantindo-se aos brasileiros e aos estrangeiros residentes no País a inviolabilidade do direito à vida, à liberdade, à igualdade, à segurança e à propriedade, nos termos seguintes:*

I – homens e mulheres são iguais em direitos e obrigações, nos termos desta Constituição; [...]".

Art. 14 da Constituição espanhola de 1978: "*Los españoles son iguales ante la ley, sin que pueda prevalecer discriminación alguna por razón de nacimiento, raza, sexo, religión, opinión o cualquier outra condición o circunstancia personal o social.*"

– **Exemplo n.º 2** – Da regulamentação constitucional da pena de morte.

SISTEMA DE DIREITO BRASILEIRO	SISTEMA DE DIREITO ESPANHOL
Art. 5.º, inciso XLVII da Constituição da República Federativa do Brasil de 5.10.1988	Art. 15 da Constituição espanhola de 1978

Art. 5.º, inciso XLVII da Constituição da República Federativa do Brasil de 5.10.1988: "[...] não haverá penas:

a) de morte, salvo em caso de guerra declarada, nos termos do art. 84, XIX [...]".

Art. 15 da Constituição espanhola de 1978: "*Todos tienen derecho a la vida y a la integridad física y moral, sin que, en ningún caso, puedan ser sometidos a tortura ni a penas o tratos inhumanos o degradantes. Queda abolida la pena de muerte, salvo lo que puedan disponer las leyes penales militares para tiempos de guerra.*"

– **Exemplo n.º 3** – Da proteção jurídico-constitucional do casamento.

SISTEMA DE DIREITO BRASILEIRO	SISTEMA DE DIREITO ESPANHOL
Art. 226 da Constituição da República Federativa do Brasil de 5.10.1988	Art. 32 da Constituição espanhola de 1978

Art. 226 da Constituição da República Federativa do Brasil de 5.10.1988: "*A família, base da sociedade, tem especial proteção do Estado.*

§ 1.º O casamento é civil e gratuita a celebração.

§ 2.º O casamento religioso tem efeito civil, nos termos da lei.

§ 3.º Para efeito da proteção do Estado, é reconhecida a união estável entre o homem e a mulher como entidade familiar, devendo a lei facilitar sua conversão em casamento.

§ 4.º Entende-se, também, como entidade familiar a comunidade formada por qualquer dos pais e seus descendentes.

§ 5.º Os direitos e deveres referentes à sociedade conjugal são exercidos igualmente pelo homem e pela mulher.

§ 6.º O casamento civil pode ser dissolvido pelo divórcio, após prévia separação judicial por mais de um ano nos casos expressos em lei, ou comprovada separação de fato por mais de dois anos.

§ 7.º Fundado nos princípios da dignidade da pessoa humana e da paternidade responsável, o planejamento familiar é livre decisão do casal, competindo ao Estado propiciar recursos educacionais e científicos para o exercício desse direito, vedada qualquer forma coercitiva por parte de instituições oficiais ou privadas."

Art. 32 da Constituição espanhola de 1978: "*1. El hombre y la mujer tienen derecho a contraer matrimonio con plena igualdad jurídica.*

2. La ley regulará las formas de matrimonio, la edad y capacidad para contraerlo, los derechos y deberes de los cónyuges, las causas de separación y disolución y sus efectos."

– **Exemplo n.º 4** – Da proteção jurídico-constitucional das crianças e adolescentes.

SISTEMA DE DIREITO BRASILEIRO	SISTEMA DE DIREITO ESPANHOL

Art. 227, § 6.º da Constituição da República Federativa do Brasil de 5.10.1988	Art. 39 da Constituição espanhola de 1978

Art. 227, § 6.º da Constituição da República Federativa do Brasil de 5.10.1988: "*É dever da família, da sociedade e do Estado assegurar à criança e ao adolescente, com absoluta prioridade, o direito à vida, à saúde, à alimentação, à educação, ao lazer, à profissionalização, à cultura, à dignidade, ao respeito, à liberdade e à convivência familiar e comunitária, além de colocá-los a salvo de toda forma de negligência, discriminação, exploração, violência, crueldade e opressão.*

[...]

§ 6.º Os filhos, havidos ou não da relação do casamento, ou por adoção, terão os mesmos direitos e qualificações, proibidas quaisquer designações discriminatórias relativas à filiação."

Art. 39 da Constituição espanhola de 1978: "*1. Los poderes públicos aseguran la protección social económica y jurídica de la família.*

2. Los poderes públicos aseguran, asimismo, la protección integral de los hijos, iguales éstos ante la ley com independencia de su filiación, y de las madres, cualquiera que sea su estado civil. La ley posibilitará la investigación de la paternidad.

3. Los padres deben prestar asistencia de todo orden a los hijos habidos dentro o fuera del matrimónio, durante su minoría de edad y en los demás casos en que legalmente proceda.

4. Los niños gozarán de la protección prevista en los acuerdos internacionales que velan por sus derecho."

– **Exemplo n.º 5** – Da responsabilidade jurídica derivada dos atos ilícitos.

SISTEMA DE DIREITO BRASILEIRO	SISTEMA DE DIREITO ESPANHOL
Art. 186, 927 e 932 da Lei n.º 10.406, de 10	Art. 1902 e ss. do Código Civil espanhol.

janeiro de 2002 (Novo Código Civil brasileiro)	

Art. 186, 927 e 932 da Lei n.º 10.406, de 10 janeiro de 2002 (Novo Código Civil brasileiro)

– Art. 186. "*Aquele que, por ação ou omissão voluntária, negligência, ou imprudência, violar direito e causar danos a outrem, ainda que exclusivamente moral, comete ato ilícito.*"

– Art. 927. "*Aquele que, por ato ilícito (arts. 186 e 187) causar dano a outrem, fica obrigado a repará-lo.*"

– 932. "*São também responsáveis pela reparação civil:*

I – os pais, pelos filhos menores que estiverem sob seu autoridade e em sua companhia;

II – o tutor e o curador, pelos pupilos e curatelados, que se acharem nas mesmas condições;

III – o empregador ou comitente, por seus empregados, serviçais e prepostos, no exercício do trabalho que lhes competir, ou por ocasião dele;

IV – os donos de hotéis, hospedarias, casas ou estabelecimentos, onde se albergue por dinheiro, mesmo para fins de educação, pelos seus hóspedes, moradores e educandos;

V – os que gratuitamente houverem participado nos produtos do crime, até à concorrente quantia."

Art. 1902 e ss. do Código Civil espanhol:

– Art. 1902. "*El que por acción u omisión causa daño a outro, interviniendo culpa o negligencia, está obligado a reparar el daño causado.*"

– Art. 1903. "*La obligación que impone el artículo anterior es exigible, no sólo por los actos u omisiones propios, sino por los de aquellas personas de quienes se debe responder.*

Los padres son responsables de los daños causados por los hijos que se encuentren bajo su guarda.

Los tutores lo son de los perjuicios causados por los menores o incapacitados que están bajo su autoridad y habitan en su compañía.

Lo son igualmente los dueños o directores de un establecimiento o empresa respecto de los perjuicios causados por sus dependientes en el servicio de los ramos en que los tuvieran empleados, o com ocasión de sus funciones.

Las personas o entidades que sean titulares de un Centro docente de enseñanza no superior responderán por los daños y perjuicios que causen sus alumnos menores de edad durante los períodos de tiempo en que los mismos se hallen bajo el control o vigilancia del profesorado del Centro, desarrollando actividades escolares o extraescolares y complementarias.

La responsabilidad de que trata este artículo cesará cuando las personas en él mencionadas prueben que emplearon toda la diligencia de un buen padre de familia para prevenir el daño."

– **ESTUDO DE CASOS IV** – DO ESTUDO E DECOMPOSIÇÃO DAS NORMAS JURÍDICAS.

Outra árdua tarefa, não menos importante, é a análise, isto é, a decomposição das normas em seus elementos para a síntese (conclusão comparativa). Para este fim precisa-se do conhecimento da língua, do domínio do assunto ou matéria que é objeto das normas e do planejamento do trabalho de observação, análise, caracterização, decomposição, para finalmente, poder confrontá-las com outra ou outras normas da mesma legislação ou sistema ou de outras ordens jurídicas.

A seguir, vejam-se diversos exemplos da decomposição normativa.

– **Exemplo n.º 1** – Da proteção dos direitos dos consumidores e usuários (disposições constitucionais).

(A)	**(B)**
Arts. 5.º, inciso XXXII, 170, inciso V, da Constituição da República Federativa do Brasil de 5.10.1988 e art. 48 de suas Disposições Transitórias	Art. 51. 1. da Constituição espanhola de 1978

(A)

a1 – Identificação do texto normativo:

Artigos 5.º, inciso XXXII, 170, inciso V, da Constituição da República Federativa do Brasil de 5.10.1988 e art. 48 de suas Disposições Transitórias (da proteção dos direitos dos consumidores).

"Todos são iguais perante a lei, sem distinção de qualquer natureza, garantindo-se aos brasileiros e aos estrangeiros residentes no País a inviolabilidade do direito à vida, à liberdade, à igualdade, à segurança e à propriedade, nos termos seguintes:

[...]

XXXII – o Estado promoverá, na forma da lei, a defesa do consumidor."

– Artigo 170, inciso V, da Constituição da República Federativa do Brasil: "*A ordem econômica, fundada na valorização do trabalho humano e na livre iniciativa, tem por fim assegurar a todos existência digna, conforme os ditames da justiça social, observados os seguintes princípios:*

[...]

V – defesa do consumidor."

– Artigo 48 das Disposições Transitórias da Constituição da República Federativa do Brasil: "*O Congresso Nacional, dentro de cento e vinte dias da promulgação da Constituição, elaborará código de defesa do consumidor.*"

a2 – Caracterização e classificação jurídico-normativa:

Norma com sujeitos, direitos e ações universais. Norma jurídica legislada, afirmativa, geral, substantiva, fundamental que expressa valores superiores de uma ordem jurídica, de Direito Público e Interno brasileiro. Tais características podem ser observadas mais especificamente da seguinte maneira:

a) A primeira parte do citado texto do art. 5.º de nossa Constituição brasileira expressa os valores superiores da ordem jurídica brasileira: "*Todos são iguais perante a lei, sem distinção de qualquer natureza (...).*"

b) O inciso XXXII do próprio artigo 5.º: "*(...) o Estado promoverá, na forma da lei, a defesa do consumidor*" é considerado um mandato.

c) O artigo 170, inciso V, da Constituição brasileira, considera-se uma norma jurídica programática ou diretriz que estabelece a finalidade da ordem econômica brasileira.

d) O artigo 48 Disposições Transitórias considera-se norma de mandato.

a3 – Observação e análise da hipótese jurídica (fato ou situação jurídica): Aqui a circunstância ou fenômeno jurídico é de ordem estritamente *estática*, que se apresenta em forma de uma situação jurídica, isto é, "*a proteção jurídica dos consumidores e usuários*".

a4 – Observação e análise da disposição jurídico-normativa (parte da estrutura da norma que estabelece o comportamento que se exige ou permite quando se produzem as circunstâncias previstas na hipóteses): "*Todos os direitos e obrigações surgidas das relações de consumo (...).*"

a5 – Observação e análise da consequência ou sanção jurídica (reconhecimento de uma situação, isto é, proteção pelo Estado, através da lei): "*(...) estabelecimento da defesa do consumidor na forma da lei.*"

(B)

b1 – Identificação do texto normativo:

Art. 51. 1. da Constituição espanhola de 1978 (da proteção dos direitos dos consumidores).

"*Los poderes públicos garantizarán la defensa de los consumidores y usuarios, protegiendo mediante procedimientos eficaces, la seguridad, la salud y los legítimos intereses económicos de los mismos.*

2. Los poderes públicos promoverán la información y la aducación de los consumidores y usuarios, fomentarán sus organizaciones y oirán a éstas en las cuestiones que puedan afectar a aquéllos, en los términos que la ley establezca.

3. En el marco de lo dispuesto por los apartados anteriores, la ley regulará el comercio interior y el régimen de autorización de productos comerciales."

Norma jurídica que tem como objeto "os direitos dos consumidores e usuários" e como função o "estabelecimento de princípios e garantias" para a defesa desses direitos.

b2 – Caraterização e classificação jurídico-normativa:

Norma com sujeitos, direitos e ações universais. Norma jurídica legislada, afirmativa, geral, substantiva, fundamental que expressa valores superiores de uma ordem jurídica, de Direito Público e Interno espanhol. Tais características podem ser observadas mais especificamente da seguinte maneira:

a) O texto referente à garantia da defesa dos interesses dos consumidores e usuários pelos poderes públicos caracteriza-se como norma jurídica programática (diretriz).

b) O texto referente à regulação posterior do comércio interior e o regime de autorização de produtos comerciais pela lei caracteriza-se mandato.

b3 – Observação e análise da hipótese jurídica (fato ou situação jurídica): Aqui a circunstância ou fenômeno jurídico é de ordem estritamente *estática*, que se apresenta em forma de uma situação jurídica, isto é, "*proteção dos consumidores e usuários*".

b4 – Observação e análise da disposição jurídico-normativa (parte da estrutura da norma que estabelece o comportamento que se exige ou permite quando se produzem as circunstâncias previstas na hipóteses): "Todos os direitos e obrigações surgidas das relações de consumo [...]."

b5 – Observação e análise da consequência ou sanção jurídica (reconhecimento de uma situação, isto é, a proteção pelo Estado, através da lei): "A regulamentação em forma de lei do comércio e o estabelecimento de procedimentos eficazes para assegurar as garantias, a segurança da saúde, dos interesses econômicos, a informação e educação dos consumidores e usuários."

– **Exemplo n.º 2** – Da proteção dos direitos dos consumidores e usuários: conceito de consumidor.

(A)	(B)
Art. 2.º do Código de Defesa do Consumidor brasileiro	Artigo 2.º.1 da Lei de Proteção do Consumidor português

(A)

a1 – Identificação do texto normativo:

Artigo 2.º do Código de Defesa do Consumidor Brasileiro. Norma jurídica que tem como objeto e função "conceituar o consumidor."

"*Consumidor é toda pessoa física ou jurídica que adquire ou utiliza produto ou serviço como destinatário final.*"

a2 – Caraterização e classificação jurídico-normativa:

Norma com sujeitos e ação individual. Norma jurídica geral, declarativa, afirmativa, derivada, legislada, substantiva, de Direito Público ou Privado (segundo seja o Direito do Consumidor considerado como parte do Direito Público ou Privado), e de Direito Interno brasileiro.

a3 – Observação e análise da hipótese jurídica (fato ou situação jurídica): Aqui a circunstância ou fenômeno jurídico é de ordem estritamente *dinâmica* que se apresenta em forma de *ato jurídico*; neste caso, "*o ato através do qual se adquire ou utiliza produtos ou serviços como destinatário final*".

a4 – Observação e análise da disposição jurídico-normativa (parte da estrutura da norma que estabelece o comportamento que se exige ou permite quando se produzem as circunstâncias previstas na hipóteses): "Todo aquele que adquire ou utiliza produto ou serviço como destinatário final [...]."

a5 – Observação e análise da consequência ou sanção jurídica (reconhecimento de uma situação): "(...) será considerado consumidor."

(B)

b1 – Identificação do texto normativo:

Artigo 2.º.1 da Lei de Proteção do Consumidor portuguesa. Norma jurídica que tem como objeto e função "conceituar o consumidor".

"Considera-se consumidor todo aquele a quem sejam fornecidos bens, prestados serviços ou transmitidos quaisquer direitos, destinados a uso não profissional, por pessoa que exerça com caráter profissional uma atividade econômica que vise a obtenção de benefícios."

b2 – Caracterização e classificação jurídico-normativa:

Normas com sujeitos e ações universais. Norma jurídica geral, declarativa, afirmativa, derivada, legislada, substantiva, de Direito Público ou Privado (segundo seja o Direito do Consumidor considerado como parte do Direito Público ou Privado) e de Direito Interno português.

b3 – Observação e análise da hipótese jurídica (fato ou situação jurídica): Aqui a circunstância ou fenômeno jurídico é de ordem estritamente *dinâmica*, que se apresenta em forma de *ato jurídico;* neste caso, *"o ato através do qual um pessoa adquire bens, serviços ou direitos, destinados a uso não-profissional, de pessoa que exerça com caráter profissional uma atividade econômica que vise a obtenção de benefícios".*

b4 – Observação e análise da disposição jurídico-normativa (parte da estrutura da norma que estabelece o comportamento que se exige ou permite quando se produzem as circunstâncias previstas na hipóteses): "Todo aquele a quem sejam fornecidos bens, prestados serviços ou transmitidos quaisquer direitos, destinados a uso não profissional, por pessoa que exerça com caráter profissional uma atividade econômica que vise a obtenção de benefícios (...)."

b5 – Observação e análise da consequência ou sanção jurídica: (reconhecimento de uma situação): "(...) será considerado consumidor."

– **Exemplo n.º 3** – Da proteção dos direito dos consumidores e usuários: direitos básicos do consumidor.

(A)	**(B)**
Art. 6.º da Lei n.º 8.078, de 11 de setembro de 1990 (Código do Consumidor brasileiro)	Art. 2.º.1 da Lei 26 de 19 de julho de 1984 (Lei Geral para a Defesa dos Consumidores e Usuários espanhola)

(A)

a1 – Identificação do texto normativo:

Art. 6.º da Lei n.º 8.078, de 11 de setembro de 1990 (Código do Consumidor brasileiro).

"*São direitos básicos do consumidor:*

I – a proteção da vida, saúde e segurança contra os riscos provocados por práticas no fornecimento de produtos e serviços considerados perigosos ou nocivos;

II – a educação e divulgação sobre o consumo adequado dos produtos e serviços, asseguradas a liberdade de escolha e a igualdade nas contratações;

III – a informação adequada e clara sobre os diferentes produtos e serviços, com especificação correta de quantidade, características, composição, qualidade e preço, bem como sobre os riscos que apresentem;

IV – a proteção contra a publicidade enganosa e abusiva, métodos comerciais coercitivos ou desleais, bem como contra práticas e cláusulas abusivas ou impostas no fornecimento de produtos e serviços;

V – a modificação das cláusulas contratuais que estabeleça prestações desproporcionais ou sua revisão em razão de fatos supervenientes que as tornem excessivamente onerosas;

VI – a efetiva prevenção e reparação de danos patrimoniais e morais, individuais, coletivos e difusos;

VII – o acesso aos órgãos judiciários e administrativos, com vista à prevenção ou reparação de danos patrimoniais e morais, individuais, coletivos ou difusos, assegurada a proteção jurídica, administrativa e técnica aos necessitados;

VIII – a facilitação da defesa de seus direitos, inclusive com a inversão do ônus da prova, a

seu favor, no processo civil, quando, a critério do juiz, for verossímil a alegação ou quando for ele hipossuficiente, segundo as regras ordinárias de experiência;
IX – (Vetado.)
X – a adequada e eficaz prestação dos serviços públicos em geral."

Norma jurídica que tem como objeto o estabelecimento e proteção dos direitos básicos dos consumidores.

a2 – Caraterização e classificação jurídico-normativa:

Norma com sujeitos e direitos universais. Norma jurídica afirmativa, declarativa, imperativa, derivada, legislada, substantiva, geral, de Direito Público ou Privado (segundo seja considerado o Direito do Consumidor como parte do Direito Público ou Privado) e de Direito Interno brasileiro.

a3 – Observação e análise da hipótese jurídica (fato ou situação jurídica): Aqui a circunstância ou fenômeno jurídico é de ordem estritamente *estática*, que se apresenta em forma de situação jurídica, neste caso, representada pelo "*reconhecimento dos direitos básicos dos consumidores ou usuários*".

a4 – Observação e análise da disposição jurídico-normativa (parte da estrutura da norma que estabelece o comportamento que se exige ou permite quando se produzem as circunstâncias previstas na hipóteses): "Todo consumidor e usuário."

a5 – Observação e análise da consequência ou sanção jurídica: (reconhecimento de uma situação ou direito): "[...] têm reconhecidos os seu direitos básicos [...]."

(B)

b1 – Identificação do texto normativo:

Art. 2º. 1, da Lei 26 de 19 de julho de 1984 (Lei Geral para a Defesa dos Consumidores e Usuários espanhola).

I. Son derechos básicos de los consumidores y usuarios:

La protección contra los riesgos que puedan afectar su salud o seguridad.

La protección de sus legítimos intereses económicos y sociales; en particular, frente a la inclusión de cláusulas abusivas en los contratos.

La indemnización o reparación de los daños y perjuicios sufridos.

La información correcta sobre los diferentes productos o servicios y la educación y divulgación, para facilitar el conocimiento sobre su adecuado uso, consumo o disfrute.

La audiencia en consulta, la participación en el procedimiento de elaboración de las disposiciones generales que les afectan directamente y la representación de sus intereses, todo ello a través de las asociaciones, agrupaciones o confederaciones de consumidores y usuarios legalmente constituidas.

La presión jurídica, administrativa y técnico en las situaciones de inferioridad, subordinación o indefensión.

Norma jurídica que tem como objeto o reconhecimento e proteção dos direitos básicos dos consumidores.

b2 – Caracterização e classificação jurídico-normativa:

Norma com sujeitos e direitos universais. Norma jurídica afirmativa, declarativa, imperativa, derivada, legislada, substantiva, geral, de Direito Público ou Privado (segundo seja o Direito do Consumidor considerado como parte do Direito Público ou Privado) e de Direito Interno espanhol.

b3 – Observação e análise da hipótese jurídica (fato ou situação jurídica): Aqui a circunstância ou fenômeno é de ordem estritamente *estática*, que se apresenta em forma de situação jurídica; neste caso, representada pelo "*reconhecimento dos direitos básicos dos consumidores ou usuários*".

b4 – Observação e análise da disposição jurídico-normativa (parte da estrutura da norma que estabelece o comportamento que se exige ou permite quando se produzem as circunstâncias previstas na hipótese): "Todo consumidor e usuário."

b5 – Observação e análise da consequência ou sanção jurídica (reconhecimento de uma situação ou direito): "(...) têm reconhecidos os seu direitos básicos (...)."

– **Exemplo n.º 3** – Da proteção dos direito dos consumidores e usuários: regulamentação da publicidade.

(A)	(B)
Art. 36 da Lei n.º 8.078, de 11 de setembro de 1990 (Código do Consumidor brasileiro)	Art. 8.º1.2. da Lei 26 de 19 de julho de 1984 (Lei Geral para a Defesa dos Consumidores e Usuários espanhola)

(A)

a1 – Identificação do texto normativo:

Art. 36 da Lei n.º 8.078, de 11 de setembro de 1990 (Código do Consumidor brasileiro).

"*A publicidade deve ser veiculada de tal forma que o consumidor, fácil e imediatamente, a identifique como tal.*

[...]"

Regulamentação da publicidade (aqui tida como sinônimo de propaganda).

a2 – Caracterização e classificação jurídico-normativa:

Norma com sujeitos universais e ação individual. Norma jurídica geral, afirmativa, imperativa, operativa, derivada, substantiva, legislada, de Direito Público ou Privado (segundo seja o Direito do Consumidor considerado como parte do Direito Público ou Privado) e de Direito Interno brasileiro.

a3 – Observação e análise da hipótese jurídica (fato ou situação jurídica): Aqui a circunstância ou fenômeno é de ordem estritamente *dinâmica*, que se apresenta em forma de *ato jurídico*, neste caso, referente "à *publicidade dos produtos e serviços*".

a4 – Observação e análise da disposição jurídico-normativa (parte da estrutura da norma que estabelece o comportamento que se exige ou permite quando se produzem as circunstâncias previstas na hipótese): "Toda publicidade (...)."

a5 – Observação e análise da consequência ou sanção jurídica (reconhecimento de uma situação ou direito): "(...) deverá ser veiculada de tal forma que o consumidor, fácil e imediatamente, a identifique como tal."

(B)

b1 – Identificação do texto normativo:

Art. 8.º1.2, da Lei 26 de 19 de julho de 1984 (Lei Geral para a Defesa dos Consumidores e Usuários espanhola).

"*1. La oferta, promoción y publicidad de los productos, actividades o servicios, se ajustarán a su naturaleza, características, condiciones, utilidad o finalidad, sin perjuicio de lo establecido en las disposiciones sobre publicidad. Su contenido, las prestaciones propias de cada producto o servicio, y las condiciones y garantias ofrecidas, serán exigibles por los consumidores o usuarios, aun cuando no figuren expresamente en el contrato celebrado o en el documento o comprobante recibido.*

Norma jurídica que tem como objeto de regulamentação a oferta, a promoção e publicidade.

b2 – Caracterização e classificação jurídico-normativa:

Norma com sujeitos e ações universais. Norma jurídica geral, afirmativa, imperativa, operativa, substantiva, derivada, legislada, de Direito Público ou Privado (segundo seja o Direito do Consumidor considerado como parte do Direito Público ou Privado) e de Direito Interno espanhol.

b3 – Observação e análise da hipótese jurídica (fato ou situação jurídica): Aqui a circunstância ou fenômeno jurídico é de ordem estritamente *dinâmica*, que se apresenta em forma de *ato jurídico*, neste caso, "*a oferta, promoção e publicidade dos produtos, atividades e serviços*".

b4 – Observação e análise da disposição jurídico-normativa (parte da estrutura da norma que estabelece o comportamento que se exige ou permite quando se produzem as circunstâncias previstas na hipótese): "Toda oferta, promoção e publicidade (...)."

b5 – Observação e análise da consequência ou sanção jurídica (reconhecimento de uma situação ou direito): "(...) deverão se ajustar à natureza, característica, condições, utilidade ou finalidade, sem prejuízo do estabelecido nas disposições sobre publicidade."

– **Exemplo n.º 4** – Da regulamentação do começo da personalidade e a proteção dos direitos derivados dela.

(A)	(B)
Art. 66.º.1 e 2 do Código Civil português	Art. 2º do Novo Código Civil brasileiro

(A)

a1 – Identificação do texto normativo:

– Art. 66.º.1 e 2 do Código Civil português.

"*1. A personalidade adquire-se no momento do nascimento completo e com vida.*
2. Os direitos que a lei reconhece aos nascituros dependem do seu nascimento."

Norma jurídica que tem como objeto de regulamentação a personalidade segundo a teoria do nascimento viável.

a2 – Caracterização e classificação jurídico-normativa:

Norma com sujeito universal e objeto particular. Norma jurídica geral, afirmativa, condicionada ou hipotética, derivada, substantiva, legislada, de Direito Privado e de Direito Interno português.

a3 – Observação e análise da hipótese jurídica (fato ou situação jurídica): Aqui a circunstância ou fenômeno jurídico é de ordem puramente *dinâmica,* isto é, *o fato jurídico* consistente no "*nascimento completo e com vida*".

– *Ser viável* – Diz-se do feto que apresenta o suficiente desenvolvimento e conveniente regularidade de conformação para a exigência da vida extra-uterina (MICHAELIS. *Pequeno Dicionário da Língua Portuguesa.* São Paulo: Companhia Melhoramentos, 1998).

a4 – Observação e análise da disposição jurídico-normativa (parte da estrutura da norma que estabelece o comportamento que se exige ou permite quando se produzem as circunstâncias previstas na hipótese): "Quem nasce completo e com vida (...)".

a5 – Observação e análise da consequência ou sanção jurídica (reconhecimento de uma situação ou direito: ser considerado pessoa): "(...) adquire a personalidade e, portanto, todos os direitos que a lei reconhece."

(B)

b1 – Identificação do texto normativo:

Art. 2.º do Novo Código Civil brasileiro (começo da personalidade).

"A personalidade civil da pessoa começa do nascimento com vida; mas a lei põe a salvo desde a concepção os direitos do nascituro."

Norma jurídica que tem como objeto de regulamentação a personalidade segundo a teoria do nascimento e da concepção, e como função a regulamentação do começo da personalidade e proteção dos direitos derivados dela.

b2 – Caracterização e classificação jurídico-normativa:

Norma com sujeitos universais e objeto particular. Norma jurídica geral, afirmativa, condicionada ou hipotética, derivada, substantiva, legislada, de Direito Privado e de Direito Interno brasileiro.

b3 – Observação e análise da hipótese jurídica (fato ou situação jurídica): Aqui a circunstância ou fenômeno jurídico é de ordem puramente *dinâmica*, isto é, o *fato jurídico* consistente no "*nascimento com vida: nascer vivo*".

b4 – Observação e análise da disposição jurídico-normativa (parte da estrutura da norma que estabelece o comportamento que se exige ou permite quando se produzem as circunstâncias previstas na hipótese): "Quem nasce e nasce vivo [...]."

b5 – Observação e análise da consequência ou sanção jurídica (reconhecimento de uma situação ou direito): "(...) adquire a personalidade (é considerado pessoa) e, portanto, todos os direitos que a lei reconhece, sendo por lei retroativos tais direitos ao momento da concepção."

– **Exemplo n.º 5** – Dos direitos das pessoas capazes.

(A)	**(B)**
Art. 67.º do Código Civil português	Art. 1.º do Novo Código Civil brasileiro

(A)

a1 – Identificação do texto normativo:

Art. 67.º do Código Civil português.

"*As pessoas podem ser sujeitos de quaisquer relações jurídicas, salvo disposição legal em contrário: nisto consiste a sua capacidade jurídica.*"

Norma jurídica que tem como objeto de regulamentação os direitos das pessoas capazes, e como função a regulamentação, junto a outras normas, da capacidade jurídica.

a2 – Caracterização e classificação jurídico-normativa:

Norma com sujeitos universais e objeto particular. Norma jurídica afirmativa, permissiva, atributiva, derivada, legislada, substantiva, geral, de Direito Privado e de Direito Interno português.

a3 – Observação e análise da hipótese jurídica (fato ou situação jurídica): Aqui a circunstância ou fenômeno jurídico é de ordem puramente *estático*, consistentes no "*reconhecimento dos direitos da pessoa natural*" (personalidade jurídica).

a4 – Observação e análise da disposição jurídico-normativa (parte da estrutura da norma que estabelece o comportamento que se exige ou permite quando se produzem as circunstâncias previstas na hipóteses): "Todo ser considerado pessoa (...)."

a5 – Observação e análise da consequência ou sanção jurídica (reconhecimento de uma situação ou direito): "pode ser sujeito de quaisquer relações jurídicas, salvo disposição legal em contrário: nisto consiste a sua capacidade jurídica."

(B)

b1 – Identificação do texto normativo:

Art. 1.º do Novo Código Civil brasileiro.

"Toda pessoa é capaz de direitos e deveres na ordem civil."

Norma jurídica que tem como objeto a regulamentação da capacidade da pessoa natural ou física.

b2 – Caracterização e classificação jurídico-normativa:

Norma com sujeitos universais e objeto particular. Norma jurídica afirmativa, permissiva, atributiva, derivada, legislada, substantiva, geral, de Direito Privado e de Direito Interno brasileiro.

b3 – Observação e análise da hipótese jurídica (fato ou situação jurídica): Aqui a circunstância ou fenômeno jurídico é de ordem puramente *estático*, consistente no "*reconhecimento dos direitos civis da pessoa*".

b4 – Observação e análise da disposição jurídico-normativa (parte da estrutura da norma que estabelece o comportamento que se exige ou permite quando se produzem as circunstâncias previstas na hipóteses): "Toda pessoa (...)."

b5 – Observação e análise da consequência ou sanção jurídica (reconhecimento de uma situação ou direito): "(...) há de ser considerado capaz de direitos e deveres na ordem civil."

– **Exemplo n.º 6** – Do termo da personalidade: extinção da personalidade jurídica

(A)	(B)
Art. 68.º 1 do Código Civil português	Art. 6º do Novo Código Civil brasileiro

(A)

a1 – Identificação do texto normativo:

Art. 68.º 1 do Código Civil português (termo da personalidade).

"*1. A personalidade cessa com a morte.* [...]".

Norma jurídica que tem como objeto regulamentação a extinção da personalidade jurídica, e como função a proteção dos direitos derivados da extinção da personalidade jurídica.

a2 – Caracterização e classificação jurídico-normativa:

Norma com sujeitos universais e objeto particular. Norma jurídica geral, afirmativa, condicionada ou hipotética, substantiva, derivada, legislada, de Direito Privado e de Direito Interno português.

a3 – Observação e análise da hipótese jurídica (fato ou situação jurídica): Aqui a circunstância ou fenômeno jurídico é de ordem puramente *dinâmica* (fato) consistente na "*morte de uma pessoa*".

a4 – Observação e análise da disposição jurídico-normativa (parte da estrutura da norma que estabelece o comportamento que se exige ou permite quando se produzem as circunstâncias previstas na hipótese): "*Ao morrer uma pessoa [...]*"

a5 – Observação e análise da consequência ou sanção jurídica: (reconhecimento de uma situação ou direito): "[...] cesse da personalidade."

(B)

b1 – Identificação do texto normativo:

Art. 6º do Novo Código Civil Brasileiro: "*A existência da pessoa natural termina com a morte; presume-se esta, quanto aos ausentes, nos casos em que a lei autoriza a abertura de sucessão definitiva*".

Norma jurídica que tem como objeto de regulamentação a extinção da pessoa, e como função a proteção dos direitos derivados dela e a regulamentação da presunção de morte.

b2 – Caraterização e classificação jurídico-normativa:

Norma com sujeitos universais e objetos universais. Norma jurídica geral, afirmativa, condicionada ou hipotética, substantiva, remissiva, derivada, legislada, de Direito Privado e de Direito Interno brasileiro.

b3 – Observação e análise da hipótese jurídica (fato ou situação jurídica): Aqui a circunstância ou fenômeno jurídico é de ordem puramente *dinâmica* (fato) consistente na "*morte de uma pessoa*".

b4 – Observação e análise da disposição jurídico-normativa (parte da estrutura da norma que estabelece o comportamento que se exige ou permite quando se produzem as circunstâncias previstas na hipóteses): "*Com a morte de uma pessoa (...).*"

b5 – Observação e análise da consequência ou sanção jurídica (reconhecimento de uma situação ou direito): "*(...) deixa de existir a pessoa natural.*"

– Orientações para a conclusão comparativa

O estudo e decomposição das normas jurídicas devem permitir:

1.º) a avaliação da precisão dos termos nelas usados;

2.º) a verificação da existência de clareza ou obscuridade;

3.º) a verificação da existência de unidade de estilo;

4.º) a constatação da existência de palavras de duplo sentido;

5.º) a constatação da existência de palavras em acepções diferentes;

6.º) a verificação da existência de disposições complexas;

7.º) a determinação da falta de lógica na distribuição das matérias.

– **ESTUDO DE CASOS V** – DA MELHOR REGULAMENTAÇÃO JURÍDICA

Durante o processo da análise da necessidade de melhor regulamentar as relações contratuais em Cuba, foi desenvolvida uma análise histórica, teórico-doutrinária, legislativa e comparada, acerca da regulamentação dos contratos de serviços, a partir do seguinte delineamento:

1 – Área escolhida: Ciências Jurídicas.

2 – Ramo escolhido: Direito Civil.

3 – Assunto escolhido: Contratação civil.

4 – Instituto jurídico: Contrato (contratos de serviços).

5 – Tema: A proteção das relações jurídicas derivadas dos contratos de serviços.

6 – Problema científico: A solução dos litígios jurídicos nascidos dos contratos de serviços.

7 – Metodologia: Uso, entre outros, do Método comparado.

8 – Justificativa: Por não existir uma experiência nacional conveniente que ajudasse a criar as bases legislativas para complementar a legislação nacional objeto de estudo (Código Civil cubano), desenvolveu-se um estudo ou comparação normativo-institucional sobre os contratos de serviços [...].

9 – Objetivos: Analisar as diferenças e semelhanças existentes entre as normas (regimes) vigentes sobre a matérias nos países hispano-americanos, e determinar a contribuição das mesmas ao sistema de direito nacional cubano.

10 – Conclusões comparativas: Sobre a prestação de serviço nas legislações civis hispano-americanas [...].

Ao analisar as legislações civis dos países hispano-americanos que foram tomados como amostra durante o desenvolvimento da pesquisa, verificou-se que o tratamento das atividades de consumo tem características próprias em cada legislação nacional. Por isso, o que em cada legislação se dispõe está muito vinculado às transformações socioeconômicas, políticas e jurídicas ocorridas em tais países.

As normas jurídicas estabelecidas para regulamentar os serviços prestados por particulares e os procedimentos para conhecer e resolver os litígios que deles derivam localizam-se nos códigos civis e nas leis processuais vigentes, ainda que existam leis ou códigos, criados para proteger os consumidores.

Do ponto de vista do direito material, por exemplo, no **Código Civil espanhol** se regulamenta o arrendamento de obras e serviços, estabelecendo-se que os trabalhadores manuais se distinguem em dois grupos:

1.º) Os domésticos (os que realizam os atos em suas casas e prestam serviços às famílias).

2.º) Os operários, os que exercem os ofícios ou arte, recebendo um salário.

Também existe outro grupo que se refere aos trabalhadores intelectuais. O conceito legal destes serviços se estabelece no artigo 1.544, pelo qual uma parte se obriga a prestar ou a executar uma obra ou serviço, e a outra a pagar por isto.

No **Código Civil do Peru** se regulamenta a prestação dos serviços no Título IX, Capítulo Primeiro, no qual se estabelece como modalidades de serviços nomeados (artigo 1.756):

a) A locação de serviços (por certo tempo ou para um trabalho determinado).

b) O contrato de obras.

c) O mandato.

d) O depósito.

e) O sequestro.

Pelo artigo 1.757 se regulamenta como modalidades de serviços os contratos inominados (dou para que faça, faço para que dê).

No **Código Civil de Porto Rico** no capítulo 305 se regulamenta o arrendamento de obras e serviços, distinguindo-se os serviços profissionais, os serviços de empregados e trabalhadores assalariados (artigo 4.111 e ss.).

No **Código Civil da República do Uruguai** o arrendamento de obras é regulamentado no artigo 1805, onde se estabelece que o mesmo se constitui quando uma das partes se obriga a prestar um serviço e a outra a pagar um preço em dinheiro. Refere-se esta categoria de serviço ao trabalho material e imaterial, mecânico ou liberal realizado pelos cidadãos.

No **Código Civil do Estado de Puebla (México)**, o contrato de prestação de serviços profissionais se regula no 2.520. Igualmente, pelo artigo 2.533 se dispõe o relativo ao contrato de obras a preço fixo e pelo artigo 2.564 se regulamentam os contratos de motoristas de aluguéis.

Já o **Código Civil para o Distrito Federal (México)** dispõe, em seu Título Décimo, o regime para os contratos de prestação de serviços e em seu Capítulo Primeiro, artigo 2.606, se regulamentam as prestações de serviços profissionais. Pelo artigo 2.616 e seguinte igualmente se regulamentam os contratos de obras a preço fixo, pelo artigo 2.646 se regulamenta o contrato dos motoristas de aluguéis, e pelo artigo 2.666 se regulamenta o contrato de hospedagem.

No **Código Civil do Equador** se dispõem regras (artigo 1.957) para os contratos de construção de uma obra material. No artigo 1.968 se regulamentam os arrendamentos de serviços imateriais, pelo artigo 1.975 se dispõe o regime para o arrendamento de transporte.

No **Código Civil da República da Argentina** (artigo 1.493) se estabelece a locação, assinalando-se que esta existe quando uma das partes se obriga a conceder o uso ou goze de uma coisa, a executar uma obra ou a prestar um serviço, e a outra a pagar por este uso, goze ou serviço um preço determinado em dinheiro (locador – locatário).

No **Código Civil da Colômbia** se regulamenta o arrendamento de empregados domésticos nos artigos 2.045 e ss., se incluem os contratos para a execução de uma obra material, os arrendamentos de serviços e de transporte.

No **Código Civil da Venezuela** se encontra regulamentado o contrato de Prestação de Serviços no Título IX, artigo 1.629, e suas regras incluem o regime para o contrato de trabalho, e para o contrato de obra (artigos 1.630 e ss.).

No **Código Civil do Chile**, pelo artigo 1.987 se protege o arrendamento de empregados domésticos, pelo artigo 1.996 se regulamentam os contratos de execução de uma obra material e pelo artigo 2.006 e ss. se protegem outros serviços.

Podemos dizer que em todos estes artigos se incluem as regras representativas do direito substantivo que protege os serviços sem que exista limite algum na liberdade contratual.

Por sua vez, no **Código Civil cubano** se regulamentam as "Disposições Comuns aos Contratos de Prestação de Serviços", pelo artigo 320 e ss. se dispõe que "*os serviços podem ser prestados por entidades estatais ou por pessoas devidamente autorizadas*". Nestas regras, ainda que não se defina propriamente o contrato de serviço, devemos presumir que, para que as pessoas possam ser consideradas autorizadas, devem cumprir os requisitos estabelecidos no Regulamento sobre a atividade por conta própria vigente em Cuba.

Fica claro que a legislação civil de cada um destes países resulta insuficiente para proteger as relações de consumo, pois – objetivamente – já não se trata da proteção de uma simples relação contratual civil estabelecida por um sujeito frente a outro, mas da proteção da imensa maioria das relações estabelecidas entre os produtores e as grandes massas. Por esta razão, com exceção de Cuba, em cada um deles existe uma Lei Especial ou Código de Defesa dos Consumidores.

Ao estudar o alcance e amplitude da legislação brasileira criada para a proteção dos direitos dos consumidores (Código de Defesa do Consumidor brasileiro) se destaca, como já dissemos, a natureza civil das relações que se protegem; pelo do artigo 6.º, no qual se estabelece a proteção contra os riscos provocados pelos produtos e serviços, a informação adequada em relação à especificação correta do preço, qualidade, quantidade, composição etc. Como se observa, todos estes elementos são próprios dos contratos de transmissão de propriedade, da posse e dos serviços em geral que geram como consequência a modificação das cláusulas contratuais que estabelecem prestações desproporcionais, a reparação dos danos ao patrimônio e outros, o acesso aos órgãos judiciais com vistas às reclamações para a reparação dos danos, o ônus da prova no processo civil etc.

Igualmente, há de considerar importante todo o disposto nos artigos 8 a 54 (cap. IV, V, VI), regras que a nosso ver possuem também natureza civil, pois se referem à proteção patrimonial e ao ressarcimento ou reparação de danos mediante os mecanismos que o próprio Código Civil estabelece.

– **ESTUDO DE CASOS VI** – DA PROTEÇÃO DAS RELAÇÕES JURÍDICAS DE CONSUMO

Durante o processo de pesquisa e análise da necessidade da proteção jurídica das relações de consumo em Cuba, desenvolvemos a comparação das normas constitucionais reguladoras da matéria, nas diferentes constituições ibero-americanas. Tal estudo foi desenvolvido a partir do seguinte delineamento que formou parte do projeto da pesquisa:

1 – Área escolhida: Ciências Jurídicas.

2 – Ramo escolhido: Direito Constitucional.

3 – Assunto escolhido: Proteção dos direitos dos consumidores e usuários.

4 – Instituto jurídico: Contrato (através do qual são reguladas as relações de consumo em massa).

5 – Tema: A proteção jurídico-constitucional das relações jurídicas de consumo.

6 – Problema científico: A solução dos litígios jurídicos nascidos das relações de consumo.

7 – Metodologia: Uso, entre outros, do Método comparado.

8 – Justificativa: O tema possui grande atualidade, novidade e importância, pois tem, como antecedentes de grande utilidade, as pesquisas realizadas sobre as "insuficiências do Direito Civil tradicional na proteção das relações de consumo em massa", particularmente sobre os "contratos de serviços vinculados ao setor privado (...).

9 – Objetivos: Analisar as diferenças e semelhanças existentes entre as normas jurídicas constitucionais vigentes sobre a matéria nos países ibero-americanos, e determinar a contribuição das mesmas ao sistema de direito nacional cubano.

10 – Conclusões comparativas: Sobre a proteção dos direitos dos consumidores e usuários nas constituições ibero-americanas [...].

Os resultados obtidos permitem concluir que as desigualdades entre as partes, a necessidade da proteção do consentimento e as visíveis insuficiências do Direito Civil tradicional ante as dinâmicas relações de consumo determinam a obrigatoriedade do aperfeiçoamento constante do Direito do Consumidor nos diferentes países, incluindo-se nas constituições normas que protejam efetivamente tais relações.

Os estudos desenvolvidos revelaram, entre outras coisas, que os danos causados de forma isolada aos consumidores carecem de reparação, devido às razões econômicas e à falta de educação e conhecimento dos direitos de uma grande parte da população.

Assim, sobre a confrontação das normas constitucionais, verifica-se que, pelo artigo 105 da **Constituição da República da Nicarágua**, de 19 de novembro de 1986, se reconhece como obrigação do Estado a regulamentação justa e racional da distribuição dos bens básicos de consumo e seu abastecimento tanto no campo como na cidade, a especulação e o monopólio sendo incompatíveis com o regime econômico e social, constituindo graves crimes contra o povo.

Segundo o artigo 101 da **Constituição da República de El Salvador**, de 15 de dezembro de 1983, a ordem econômica deve responder essencialmente ao princípio de justiça social que tenda a assegurar a todos os habitantes do país uma existência digna do ser humano. Assim, o Estado promoverá o desenvolvimento econômico e social mediante o incremento da produção, a produtividade e a utilização racional dos recursos; com igual finalidade, fomentará os diversos setores da produção e defenderá o interesse dos consumidores.

Pelo artigo 119 da **Constituição da República da Guatemala**, de 14 de janeiro de 1986, se estabelece que é obrigação fundamental do Estado a defesa dos consumidores e usuários quanto à preservação da qualidade de vida, dos produtos de consumo interno e de exportação para garantir a saúde, segurança e os legítimos interesses econômicos.

De maneira concreta, por não existir em Cuba Código de Proteção dos consumidores, as relações de consumo regem-se pela legislação vigente sobre a atividade por conta própria, as quais possuem uma relativa relação com as normas do Direito Constitucional, ainda que não se reconheça dita atividade em normas constitucionais específicas. Portanto, a proteção do consumidor cubano infere-se do princípio estabelecido na **Constituição da República de Cuba**, de janeiro de 1975, pelo qual o trabalho é um direito, um dever e um motivo de honra para cada cidadão e, ademais, do reconhecimento do direito à propriedade pessoal dos cidadãos, o que pressupõe também o direito a seu emprego sem a exploração do trabalho. Assim se dispõe nos seguintes artigos:

Art. 21. Se garantiza la propiedad personal sobro los ingresos y ahorros procedentes del trabajo próprio, sobre la vivienda que se posea con justo título de dominio y los demás bienes y objetos que sirven para la satisfacción de las necesidades materiales y culturales de la persona.

Asimismo se garantiza la propriedad sobre los medios e instrumentos de trabajo personal o familiar, los que no pueden ser utilizados para la obtención de ingresos provenientes de la explotación del trabajo ajeno.

Art. 45. El trabajo en la sociedad socialista es un derecho, un deber y un motivo de honor para cada ciudadano.

No artigo 96 da **Constituição da Venezuela** reconhecem-se os direitos econômicos através da oferta dos fabricantes e comerciantes. Assim, todas as pessoas podem se dedicar livremente à atividade lucrativa de sua preferência, sem outras limitações que as previstas na Constituição e as que se estabeleçam nas leis por razões de segurança, de saneamento ou outras de interesse social. A lei ditará normas para impedir a usura, a indevida elevação dos preços, e, em geral, as manobras abusivas visando obstruir ou restringir a liberdade econômica.

No artigo 78 da **Constituição da Colômbia**, de 1991, se estabelece que a Lei regulamentará o controle da qualidade dos bens e serviços oferecidos e prestados à comunidade. Assim como a informação que deve ser proporcionada ao público em sua comercialização. Serão responsáveis de acordo com a Lei os que, na produção e comercialização de bens e serviços, atentem contra a saúde e o adequado abastecimento a consumidores e usuários.

O Estado colombiano garantirá a participação das associações de consumidores e usuários no estudo das disposições que lhes concernem, para gozar destes direitos as organizações devem ser representativas e observar procedimentos internos democráticos.

No artigo 65 da **Constituição do Peru**, de 7 de setembro de 1993, se estabelece que o Estado defende o interesse dos consumidores e usuários; para tanto garante-se o direito à informação sobre os bens e serviços que se encontram sua disposição no mercado. Outrossim, ele vela pela saúde e segurança da população.

No artigo 42 da **Constituição da Argentina**, de 22 de agosto de 1994, se regulamenta que os consumidores e usuários têm direito à proteção de sua saúde, à segurança e à informação, sendo livres na escolha das condições e do trato equitativo e digno. Assim, as autoridades proverão à proteção desses direitos, à educação para o consumo, estabelecendo procedimentos eficazes para a prevenção e solução dos litígios.

Na **Constituição espanhola** de 1978 no artigo 51 se reconhece que os poderes públicos garantem a defesa dos consumidores e usuários, protegendo, mediante procedimentos eficazes, a segurança, a saúde e os legítimos interesses econômicos dos mesmos. Assim, os poderes públicos promoverão a informação e a educação dos consumidores e usuários, fomentarão suas organizações e as ouvirão nas questões que possam afetar os mesmos, nos termos que a Lei estabelece.

Igualmente, no âmbito do disposto no parágrafo anterior, as leis especiais regulamentarão o comércio interior e o regime de autorização de produtos comerciais. É o caso, por exemplo, da Lei 26 de 19 de julho de 1984 (*Ley General para la Defensa de los Consumidores y Usuarios*) cujo Capítulo VIII se destina à regulamentação das garantias e responsabilidades.

No artigo 60 da **Constituição da República Portuguesa** sobre a proteção dos consumidores regulamenta-se que eles "têm direito à qualidade dos bens e serviços consumidos, à formação e à informação, à proteção da saúde, da segurança e dos seus interesses econômicos, bem como à reparação de danos". Igualmente, dispõe-se que a "publicidade é disciplinada por lei, sendo proibidas todas as formas de publicidade oculta, indireta ou dolosa".

Segundo a própria Constituição, as associações de consumidores e as cooperativas de consumo têm direito, nos termos da lei, ao apoio do Estado e a ser ouvidas sobre as questões que digam respeito à defesa dos consumidores, sendo-lhes reconhecida legitimidade processual para defesa dos seus associados ou de interesses coletivos ou difusos.

– **ESTUDO DE CASOS VII** – DO ESTUDO TEÓRICO-DOUTRINÁRIO

A pesquisa e comparação jurídica merecem o esforço de passarmos em revista os critérios doutrinários, considerados como instrumento não só de comunicação, mas de criação, interpretação, explicação e de integração do Direito Positivo.

A – Doutrina Espanhola:

– ***Ramo ou família de Direito:*** Direito Privado – Direito Civil.

– ***Assunto:*** "Conceito e natureza jurídica da obrigação."

"Direito de Obrigações"

Autor: José Castán Tobeñas

Texto:

"Direito das Obrigações, em sentido objetivo, é o ramo do Direito Civil integrado pelo grupo de princípios e normas que disciplinam os direitos de créditos ou obrigações, ou seja, esses direitos subjetivos mediante os quais uma pessoa pode exigir de outra as prestações de dar, de fazer ou de não fazer".

Obra: *Derecho Civil Español, Común y Foral*. Madri, 1991, p 31.

"Obrigações"

Autor: Luis Diéz Picazo & Antonio Gullón

Texto:

"A obrigação é uma situação bipolar, que se encontra formada, por um lado, pela posição de uma pessoa chamada devedor, e por outro, pela posição de outra pessoa chamada credor; o segundo como titular de um direito subjetivo (direito de crédito) que lhe faculta exigir frente ao devedor o que por este é devido (prestação)."

Obra: *Instituciones de Derecho Civil*. Madri: Tecnos. S.A Vol. 1, 1995, p 469.

B – Doutrina Brasileira:

– ***Ramo ou família de Direito:*** Direito Privado – Direito Civil.

– ***Assunto:*** Conceito e natureza jurídica da obrigação.

"Obrigações"

Autor: Washington de Barros Monteiro

Texto:

"A obrigação é a relação jurídica, de caráter transitório, estabelecida entre devedor e credor e cujo objeto consiste numa prestação pessoal econômica, positiva ou negativa, devida pelo primeiro ao segundo, garantindo-lhe o adimplemento através de seu patrimônio."

Obra: *Curso de Direito Civil. Direito das Obrigações.* 1ª parte. 26ª ed. São Paulo: Saraiva, vol. 4, p 8.

"Obrigações"

Autor: Clóvis Beviláqua

Texto:

"Obrigação é a relação transitória de direito, que nos constrange a dar, fazer ou não fazer alguma coisa, em regra economicamente apreciável, em proveito de alguém que, por ato nosso ou de alguém conosco juridicamente relacionado, ou em virtude de lei adquiriu o direito de exigir de nós essa ação ou omissão."

Obra: *Código Civil dos Estados Unidos do Brasil Comentado.* Rio de Janeiro: Ed. Francisco Alves, vol. 4, 1934.

“Obrigações”

Autor: Silvio Rodrigues

Texto:

“Obrigação é o vínculo de direito pelo qual alguém (sujeito passivo) se propõe a dar, fazer ou não fazer qualquer coisa (objeto), em favor de outrem (sujeito ativo).”

Obra: *Direito Civil. Parte Geral das Obrigações*. 25ª ed. São Paulo: Saraiva, Vol 2, p 4.

"Obrigações"

Autor: Caio Mário da Silva Pereira

Texto:

"(...) uma pessoa denominada sujeito passivo ou devedor está adstrita a umaprestação positiva ou negativa em favor de outra pessoa que se diz sujeito ativo ou credor, a qual adquire a faculdade de exigir o seu cumprimento."

Obra: *Instituições de Direito Civil.* 15ª ed. Forense, vol. 2, p 3.

Definição: "Obrigações"

Autor: Carlos Alberto Bittar

Texto:

"Vínculo é o liame que une as partes em torno do objeto. Consiste, sob o aspecto passivo, ou sob o ângulo do devedor, no dever de prestar e, sob o do credor, no direito de exigir a prestação, dentro da ordem jurídica (obrigação propriamente dita) (...)."

Obra: *Direito das Obrigações*. Rio de Janeiro: Forense Universitária, 1990. p. 12

Bibliografia

ACQUAVIVA, Cláudio Marcus. *Vademecun do Código do Consumidor*. São Paulo: Jurídica Brasileira, 1998.

AFONSO da Silva, José. *Curso de Direito Constitucional Positivo*. 14 ed. São Paulo: Malheiros, 1997.

AGUILÓ Josep. *Sobre la Derogación*. Ensayo de Dinámica Jurídica. Distribuciones Fontamara, S.A. México, D.F. [s.f.].

ALVAREZ Suárez, Ursicino. *El Negocio Jurídico en el Derecho Romano*. Madri: Revista de Derecho Privado, 1950.

ANCEL Marc. *Utilidade e Métodos do Direito Comparado*. Tradução: Prof. Sérgio José Porto. Porto Alegre: Sergio Antonio Fabris Editor, 1980.

ANDRADE Marconi, Marina de. *Metodologia Científica*. São Paulo: Atlas, 2000.

AÑÓN, José García. *Métodos y Técnicas para la realización de trabajos de investigación*. Universitat de Valencia. Departamento de Filosofía del Dret, Moral i Política; Facultat de Dret. [s.f.].

ARBAIZA Catalina. *Los Derechos del Consumidor*. Madri: Aguilar, 1997.

ASSMAN, G. y Stollberg, R. *Principios de sociología marxista-leninista*. Havana: Ciencias Sociales, 1986.

AQUILINO Iglesia, Ferreirós. *La creación del Derecho. Una historia de la formación de un derecho estatal español*. Signo, Espanha, 1992.

BARONI, Robison. *Cartilha de ética profissional do advogado*. 3. ed. São Paulo: LTr, 1999.

________. *Julgados do Tribunal de ética profissional. Ementas e Pareceres*. Parte de 1996 e 1997, vol. V. Departamento Editorial OAB-SP.

________. *Julgados do Tribunal de ética profissional. Ementas e Pareceres*. Parte de 1997 e 1998, vol. VI. Departamento Editorial OAB-SP.

BARROS Monteiro, Washington. *Curso de Direito Civil. Direito das Obrigações*. 26. ed. São Paulo: Saraiva, 1993.

BASTOS, Celso Ribero. *Curso de Direito Constitucional.* São Paulo: Malheiros Editores, 1995.

BATISTA de Almeida, João. *A proteção jurídica do consumidor*. São Paulo: Saraiva, 1993.

BITTAR, Carlos Alberto. *Direito das Obrigações*. Rio de Janeiro: Forense, 1990.

BOBBIO Norberto. *Teoría General del Derecho*. Bogotá: Temis, 1987.

________. *Teoria do ordenamento jurídico*. Apresentação Tércio Sampaio Ferraz Júnior; trad. Maria Celeste C. J. Santos; rev. téc. Cláudio De Cicco, 7. ed. Brasília: Editora Universidade de Brasília, 1996.

________. *Teoria da Norma Jurídica*. Apresentação Alaôr Caffé Alves, trad. Fernando Pavan Baptista e Ariani Bueno Sudatti. Bauru, SP: EDIPRO, 2001.

BONFANTE, Prieto. *Historia del Derecho Romano*. Traducción completada y revisada por José Santa Cruz Teijeiro. Madri: Revista de Derecho Privado, vol. I, 1944.

BOSCO Medeiros, João. *Redação Científica*. São Paulo: Atlas, 1997.

BUNGE, Mario. *Ciência e desenvolvimento*. São Paulo– Belo Horizonte: Itatiaia, Edusp, 1989.

BUGEDA, José. *Manual de Técnicas de investigación social, detección y análisis*. Madri, 1974.

CABANILLAS Sánchez, Antonio. *Las obligaciones de actividad y de resultado*. Barcelona: José Maria Bosch, 1993.

CANCELIER de Olivo, Luis Carlos. *Direito e Internet. A regulação do Ciberespaço*. 2. ed. Florianópolis: UFSC, 1999.

CAÑIZAREZ, Fernando Diego. *Teoría del Derecho*. Havana: Pueblo y Educación, 1979.

________. *Teoria del Estado*. Havana: Pueblo y Educación, 1979.

CARNEVALI de Camacho, Magaly. *Derecho de Obligaciones*. Mérida-Venezuela: Universidad de los Andes, 1993.

CASTÁN Tobenas, José. *Derecho Civil Español, Común y Foral*. Madri: Reus, t. I. vol 2, 1991.

CLEMENTE Díaz, Tirso. *Derecho Civil – Parte General*. Ministerio de Educación Superior. Universidad de La Habana, vol. 1, 1984.

COLIN, A. e H. Capitant. *Curso Elemental de Derecho Civil*. Madri, 1943.

CRETELLA, Júnior José. *Curso de Direito Romano*. 14. ed. revista e aumentada. Rio de Janeiro: Forense, 1991.

CUSTÓDIO da Piedade Ubaldino Miranda. *Interpretação e integração dos negócios jurídicos*. São Paulo: RT, 1989.

DA SILVA Pereira, Caio Mário. *Instituições de Direito Civil*. 15. ed. vol 2. Rio de Janeiro: Forense, 1997.

DEL PALACIO Diaz, Alejandro. *Introducción a la Teoría del Derecho*. México: Universidad Autónoma Metropolitana, 1992.

DEMO, Pedro. *Introdução à Metodologia da Ciência*. São Paulo: Atlas, 1985.

DIAZ Pairó, Antonio. *Teoría General de las Obligaciones*. Vol I. Havana, 1960.

DIEGO, F. Clemente de. *Fuentes del Derecho Civil Español*. Madri, 1922.

DIEGO, F. Clemente de. *Curso Elemental de Derecho Civil*. Madri, 1923.

DÍEZ-PICAZO Luis y Antonio Gullón. *Instituciones del Derecho Civil*. Vol. 1. Madri: Tecnos, 1995.

DINIZ, Maria Helena. *Tratado Teórico e Prático dos Contratos*. São Paulo: Saraiva, 1993.

________. *Curso de Direito Civil Brasileiro. Teoria das Obrigações Contratuais e Extracontratuais*. 4. ed. São Paulo: Saraiva, Vol. 3, 1986.

________. *Compêndio de Introdução à ciência do Direito*. 8. ed. atualizada. São Paulo: Saraiva, 1995.

________. *Compêndio de introdução à ciência do Direito*. 11. ed. Atualizada São Paulo: Saraiva, 1999.

DIXON, Bernard. *Para que serve a ciência?*. Tr. Cordélia Canabrava Arruda. São Paulo: Universidade de São Paulo, 1976.

DOURADO de Gusmão, Paulo. *Introdução ao Estudo do Direito*. 23. ed. Rio de Janeiro: Forense, 1998.

ECO, Umberto. *Como se faz uma tese*. 15. ed. São Paulo: Perspectiva, 1999.

FERREIRA de Almeida, Carlos. *Introdução ao Direito comparado*. 2 ed. Lisboa: Almedina-Coimbra, 1998.

GANDELMAN, Henrique. *De Gutenberg à Internet. Direitos autorais na era digital*. 2. ed. Rio de Janeiro: Record, 1997.

GARCERÁN, Julio. *La Prescripción Extintiva*. Tomo I. Havana, 1944.

GENARO R. Carrió. *Notas Sobre Derecho y Lenguaje*. 2. ed., Buenos Aires, 1990.

GIORGI, Jorge. *Teoría de las Obligaciones*. Vol 4. Madri, 1911.

GIUSEPPE, Imídeo Nérici. *Metodologia do ensino. Uma introdução*. 4. ed. São Paulo: Atlas, 1992.

GOMES, Orlando. *Obrigações*. 11. ed. Rio de Janeiro: Forense, 1997.

________. *Contratos*. 6. ed. Rio de Janeiro: Forense, 1978.

GOMES, Orlando. *Contratos*. 6. ed. Rio de Janeiro: Forense, 1978.

________. *Contratos*. 17. ed. Rio de Janeiro: Forense, 1978.

GOODE, William J. e Paul K. Hatt. *Métodos de investigación social*. Havana: Ciencias sociales, 1971.

GOUVÊA, Sandra. *O Direito na Era Digital. Crimes praticados por meio da informática*. Rio de Janeiro: Mauad, 1997.

H. Von Wright. *Norma y Acción. Una investigación lógica*. Madri: Tecnos, 1970.

HEGEL, G. W. F. *Princípios da Filosofia do Direito*. Tradução Norberto de Paula Lima. São Paulo: Ícone, 1997.

HENRIQUES, Antonio e João Bosco Medeiros. *Monografia no curso de Direito*. 2. ed. São Paulo: Atlas, 1999.

IHERING, Rudolf Von. *A luta pelo Direito*. 16. ed. Tradução de João Vasconcelos. Rio de Janeiro: Forense, 1996.

IVANOVICH Rusavin, Georgi. *Métodos de la investigación científica*. Havana: Ciencias Sociales, 1990.

JIMÉNEZ Serrano, Pablo. *La Protección de las relaciones jurídicas derivadas de los servicios prestados por los trabajadores por cuenta propia*. Tesis presentada en Opción al Grado Científico de Doctor en Ciencias Jurídicas. Santiago de Cuba. Febrero de 1996.

JIMÉNEZ Serrano, Pablo & Heitor Pinto Filho. *Metodología para las Investigaciones Jurídicas*. São Paulo: Julgar, 1997.

_______. *Manual Básico do pesquisador*. São Paulo: Leud, 2001.

JIMÉNEZ Serrano, Pablo e CASEIRO Neto, Francisco. *Princípios Básicos das Obrigações e dos Contratos*. Leud, 2002.

KANT, Emmanuel. *Doutrina do Direito*. Tradução Edson Bini. São Paulo: Ícone, 1993.

KELSEN, Hans. *Teoria Pura do Direito*. Tradução João Baptista Machado. 4 ed. São Paulo: Martins Fontes, 1995.

KUHN, Thomas S. Lógica da descoberta ou psicologia da pesquisa. In *A crítica e o desenvolvimento do conhecimento*. Organizado por Imre Lakatos e Alan Musgrave. São Paulo: Cultrix, 1970.

LARES Romero, Víctor Hugo. *El Derecho de Protección a los Consumidores en México*. Universidad Autónoma Metropolitana, 1991.

LAKATOS, Eva Maria e Marina de Andrade Marconi. *Metodologia Científica*. 2. Ed. São Paulo: Atlas, 1995.

LIMONGI, França. *Instituições de Direito Civil*. 4. ed. São Paulo: Saraiva, 1996.

LORENZ, Karl. *Metodología de la Ciencia del Derecho.* [s.l.] Ariel, 1980.

LUDWIG, Enneccerus. *Derecho de las Obligaciones*. Doctrina General. Vol. 1. Barcelona. [s.f., s.e.]

MACHADO Bermudez, R. *Cómo se forma un investigador*. Havana: Ciencias Sociales, 1988.

MANRESA, José María. *Comentario al Código Civil Español*. Tomo II. Madri, 1911.

MARTÍNEZ Escobar, Manuel. *Obligaciones y Contratos*. La Habana, 1938. [s.e., s.l.]

________. *Contratos diversos*. [s.f, s.e, s.l.]

________. *Mandato y comisión*. [s.f., s.e., s.l.]

________. *Sociedades civiles y mercantiles*. [s.f., s.e., s.l.]

MARQUES, Paulo. *Sofismas nucleares: O Jogo das Trapaças na Política Nuclear do País*. São Paulo: Hucitec, 1992.

MATALLO Marchesini de Pádua, Elisabete. *Metodologia da Pesquisa. Abordagem teórico-prática*. 2. ed. Campinas: Papirus, 1997.

MAXIMILIANO, Carlos. *Hermenêutica e Aplicação do Direito*. 16ª ed. Rio de Janeiro: Forense, 1996.

MINARDI Paesani, Liliana. *Direito de Informática*. 2. ed. São Paulo: Atlas, 1999.

MIRANDA, Pontes de. *Sistema de Ciência Positiva do Direito*. 2. ed. Rio de Janeiro: Borsoi, t. IV, 1972.

MIRANDA Rosa, Felippe Augusto de. *Sociologia do Direito. O fenômeno jurídico como fato social*. 13. ed. Jorge Zahan Editor. Rio de Janeiro, 1996.

MONTESQUIEU. *El espíritu de las Leyes*. Havana: Ciencias Sociales, 1976.

MOTOYAMA, Shozo (organizador). *Cidadania e Cultura Brasileira. Homenagem aos 90 anos do professor Miguel Reale*. São Paulo: Editora da Universidade de São Paulo, 2001.

NERY Junior, Nelson. *Código de Processo Civil Comentado*. 2. ed. São Paulo: RT, 1996.

NOVAIS Dias Sérgio. *Responsabilidade Civil do Advogado: Perda de uma chance*. São Paulo: LTr, 1999.

OLIVEIRA, Silvio Luiz de. *Tratado de Metodologia Científica*. Projetos de Pesquisas, TGI, TCC, Monografias, Dissertações e Teses. 2. ed. São Paulo: Pioneira, 1999.

OLIVEIRA Neto, Carlos Elmano de. *Roteiro Prático da Defesa do Consumidor em Juízo*. São Paulo: Julgar, 1997.

PACHECO Fiorillo, Celso Antonio e Marcelo Abelha Rodrigues. *Manual de Direito Ambiental e Legislação Aplicável*. São Paulo: Max Limonad, 1997.

PARDIÑAS, Felipe. *Metodología y técnicas de investigación en ciencias sociales*. 3. ed. Havana: Instituto cubano del Libro, 1971.

PAULA Baptista, Francisco de. *Compêndio de Hermenêutica Jurídica*. São Paulo: Saraiva, 1984.

PAULO Dourado de Gusmão. *Introdução ao Estudo do Direito*. 23. ed. Rio de Janeiro: Forense, 1998.

PLANIOL Marcelo y Jorge Ripert. *Las Obligaciones*. Tomo Sexto. Primera Parte. Cultural, S.A. Havana, 1936.

PERAL Collado, Daniel. *Obligaciones y contrato civiles*. MES. Havana, 1980.

PERDOMO M, Rómulo. *Metodología de la investigación jurídica*. Editado por el Consejo de Publicaciones de la Universidad de Los Andes en Mérida, Venezuela, 1983.

POLETTI, Ronaldo. *Introdução ao Direito*. São Paulo: Saraiva [s.d.].

POPPER, Karl. R. *A lógica da pesquisa científica*. Tradução de Leonidas Hegenberg e Octanny Silveira da Mota. São Paulo: Cultrix, 1972.

PRUX, Oscar Ivan. *Responsabilidade Civil do profissional liberal no Código de Defesa do Consumidor*. Belo Horizonte: Del Rey, 1998.

RAMOS Arias, J. *Derecho Romano*. Vol. 3. Selección de textos latinos. Revista de Derecho Privado. Madri, 1943.

REPILADO, Ricardo. *Metodología de la investigación bibliográfica*. La Habana: Pueblo y Educación, Havana, 1982.

RIOS Josué, Marilena Lazzarini, Vidal Serrano Jr. *O que é defesa do consumidor*. Coleção Primeiros Passos. São Paulo: Brasiliense, 1994.

RIZZATTO Nunes, Luiz Antonio. *Compre bem. Manual de compras e garantias do consumidor*. São Paulo: Saraiva, 1997.

________. *O Código de Defesa do Consumidor e sua interpretação jurisprudencial*. São Paulo: Saraiva, 1997.

RODRIGUES, Silvio. *Direito Civil. Dos Contratos e das Declarações Unilaterais de Vontade*. 21. ed. São Paulo: Saraiva, vol. 3 1993.

ROJINA Villegas, R. *Compendio de Derecho Civil*. México: Porrúa, 1995.

ROJO, Miguel. *Metodología de la investigación*. Havana: Ministerio de Educación Superior, Ediciones Enpes, 1987.

SABOIA Campos, Maria Luiza de. *Publicidade: Responsabilidade Civil perante o Consumidor*. São Paulo: Cultural Paulista, 1996.

SALDANHA, Nelson. *Sociologia do Direito*. 3. ed. São Paulo: RT, 1989.

SALVO Venosa, Silvio de. *Teoria Geral dos Contratos*. 3. ed. São Paulo: Atlas, 1997.

________. *Direito Civil. Parte Geral*. São Paulo: Atlas, 2001.

SANTOS Rosa, Josimar. *Relações de Consumo. A defesa dos interesses de consumidores e fornecedores*. São Paulo: Atlas, 1995.

________. *Contrato de Adesão*. São Paulo: ATLAS, 1994.

SELLTIZ, Wrightsman e Cook. *Métodos de Pesquisa nas Relações Sociais*. São Paulo: EPU, 1987.

_______. *Métodos de investigación en las relaciones sociales*. Madri: RIALP. S.A., 1985.

SERPA Lopes, Miguel Maria de. *Curso de Direito Civil*. 6. ed. Rio de Janeiro: Freitas Bastos. vol. 2, 1995.

________.*Curso de Direito Civil*. 4. ed. São Paulo: Freitas Bastos. vol. 4, 1993.

SEVERINO, Antonio Joaquim. *Metodologia do trabalho científico*. 2. ed. São Paulo: Cortez, 1999.

SIERRA Lombardía, Virginia. *Metodología de la Investigación Científica*. Centro de Estudio de Educación Superior. Manuel F. Gran, Santiago de Cuba, 1995.

TÁCITO Caio. *Direito Administrativo de Amanhã*. O Estado do Futuro. São Paulo: Pioneira, 1998.

TERCIO, Sampaio Ferraz JR. *A ciência do direito*. 2. ed. São Paulo: Atlas, 1980.

TORRIERI Guimarães, Deocleciano. *Dicionário Técnico Jurídico*. São Paulo: Rideel, 1997.

TRUJILLO Ferrari, Alfonso. *Metodologia da pesquisa científica*. São Paulo: McGraw-Hill do Brasil, 1982

VALPUESTA Fernández, Ma R. e outros. *Derecho de Obligaciones y Contratos*. 2. ed. Valencia: Tirant lo Blanch, Espanha, 1995.

VILLAÇA Azevedo, Alvaro. *Teoria Geral das Obrigações*. São Paulo: RT, 1994.

WALD, Arnoldo. *Obrigações e Contratos*. 12. ed. São Paulo: RT, 1995.

W. J. Goode y P. K. Hatt. *Métodos de investigación social*. Havana: Ciencias Sociales. Instituto Cubano del Libro, 1971.

WITKER, Jorge. *Pautas Metodológicas y Técnicas para el estudiante o investigador del Derecho*. Universidad Nacional Autónoma de México, Civitas, S.A [s.a.].

LEGISLAÇÕES PESQUISADAS:

Constituição da República de Cuba. Texto publicado na *Gazeta Oficial da República de Cuba*. Edição n.7 (extraordinária) de 1º de agosto de 1992. Editorial Política. Havana, 1992.

Constituição da República Federativa do Brasil. Coordenação Maurício Antonio Ribeiro Lopes. Editora RT, 1996.

Constituição da República Federativa do Brasil. Coordenação Juarez de Oliveira. 13. ed. Editora Saraiva, 1996.

Constituição da República de Nicarágua, de 19 de novembro de 1986.

Constituição da República de El Salvador, de 15 de dezembro de 1983.

Constituição da República da Guatemala, de 14 de janeiro de 1986.

Constituição da República de Cuba, de janeiro de 1975.

Constituição da Venezuela.

Constituição da Colômbia, de 1991.

Constituição do Peru, de 7 de setembro de 1993.

Constituição da Argentina, de 22 de agosto de 1994.

Constituição espanhola, de 1978.

Código Civil Cubano de 1889 (contendo alterações e anotações). Publicado pelo Instituto Cubano do Livro. Edição Oficial do Ministério de Justiça, 1975.

Lei n. 59. Código Civil Cubano de 1988.

Lei n. 3.071, de 1º.1.1916. Código Civil brasileiro. 48. ed. Editora Saraiva. São Paulo, 1997.

Código Civil espanhol. Boletim Oficial do Estado. Madri, 1982.

Código Civil do Peru

Código Civil de Porto Rico.

Código Civil da República do Uruguai.

Código Civil do Estado de Puebla (México).

Código Civil do Equador.

Código Civil da República da Argentina.

Código Civil da Colômbia.

Código Civil da Venezuela.

Código Civil do Chile.

Código Civil para o Distrito Federal (México).

Código de Processo Civil brasileiro. Lei n. 5.869, de 11 de janeiro de 1973. *Vademecum* Universitário de Direito. Editora Jurídica Brasileira. Primeira Edição, fevereiro de 1998.

Lei 26 de 19 de julho de 1984 (*Ley General para la Defensa de los Consumidores y Usuarios*).

Lei n.º 556, de 25 de junho de 1850. Código de Comércio brasileiro

Lei n.º 8.906, de 4-7-1994 (Estatuto da OAB).

Código de Comércio cubano.

Consolidação das Leis do Trabalho brasileira.

Código Tributário Nacional brasileiro.

Código de Defesa do Consumidor brasileiro. Lei n.º 8.078, de 11.9.90.

Lei de Locação urbana brasileira. Lei n.º 8245 de 18 de outubro de 1991.

Juizados Especiais cíveis e criminais. Lei n.º 9.099. de 26-9-1995.

Decreto n.º 2.181, de 20.3.97. Sistema Nacional de Defesa do Consumidor.